T0208004

بسم الله الرحمن الرحيم

اساليب تدريس
قواعد اللغة العربية

أساليب تدريس
قواعد اللغة العربية

تأليف
د. كامل محمود نجم الدليمي

المملكة الأردنية الهاشمية
رقم الإيداع لدى دائرة المكتبات والوثائق الوطنية

415
الدليمي كامل
أساليب تدريس قواعد اللغة العربية / كامل الدليمي
عمان – دار المناهج 2003
ر – إ – 1360 / 2004
الواصفات / قواعد الغة العربية / أساليب التدريس

المحتويات

أساليب تدريس قواعد اللغة العربية

الفصل السادس
أسلوب المواقف في تدريس قواعد اللغة العربية

الفصل السابع
دروس في تدريس القواعد بأسلوب المواقف

مقدمة الكتاب

هذا كتاب في (أساليب تدريس قواعد اللغة العربية)، وهو يقع في سبعة فصول، وقد تفاوتت هذه الفصول بحسب محتوى الفصل والقضايا التي يعالجها.

يتناول **الفصل الأول** مقدمة في اللغة بشكل عام واللغة العربية بشكل خاص خصائص اللغة، ووظيفة اللغة بالنسبة للفرد والمجتمع، وخصائص اللغة العربية، ووظيفتها.

أما **الفصل الثاني** فيتناول (في قواعد اللغة العربية وتيسيرها) وتضمن هذا العنوان عناوين فرعية هي: مفهوم القواعد والنحو، والأهداف العامة لتدريس قواعد اللغة العربية، وأسباب صعوبة قواعد النحو، ومحاولات تيسير قواعد النحو.

ويتناول **الفصل الثالث** (طرائق التدريس)، وشملت نبذة عن نشوء الطريقة وتطورها، وعلاقة طرائق التدريس بفلسفة التربية وأهدافها.

وكان **الفصل الرابع** خاصاً بطرائق تدريس قواعد اللغة العربية، والبدء بتدريس هذه القواعد.

ويتناول **الفصل الخامس** بعض الدراسات الخاصة بطرائق تدريس قواعد اللغة العربية، وهي دراسة الخياط، ودراسة الدليمي، ودراسة السلطاني، ودراسة الدليمي ونجم، ودراسة العزاوي، ودراسة الخماسي. وتناول أيضا دراسات أجنبية

أساليب تدريس قواعد اللغة العربية

خاصة بقواعد تلك الدراسات، ومنها دراسة كلوزر، ودراسة روبنسن، ودراسة مولكاهي.

أما **الفصل السادس** فيتناول أسلوب المواقف التعليمية في تدريس قواعد اللغة العربية، وتضمن تمهيداً، وتعريفا بمزايا هذا الأسلوب.

وجاء **الفصل السابع** متضمناً لدروس مختارة في تدريس قواعد اللغة العربية بأسلوب المواقف التعليمية.

لقد فصل المؤلف في أسلوب المواقف، وأعطى دروساً كثيرة في هذا الأسلوب، بوصفه أسلوبا حديثا في تدريس القواعد، ولأن مؤلفات طرائق تدريس اللغة العربية تضمنت تفصيلات كثيرة عن الأساليب الأخرى، وأنها لم تذكر أسلوب المواقف إلا قليلاً.

إن المؤلف إذ يضع هذا الكتاب بين أيدي المهتمين باللغة العربية وطرائق تدريسها ليحدوه الأمل في أن يفيد من ملاحظاتهم القيمة حول الكتاب لإخراجه في الطبعات القادمة بشكل أفضل مما هو عليه الآن. والله من وراء القصد.

د. كامل الدليمي

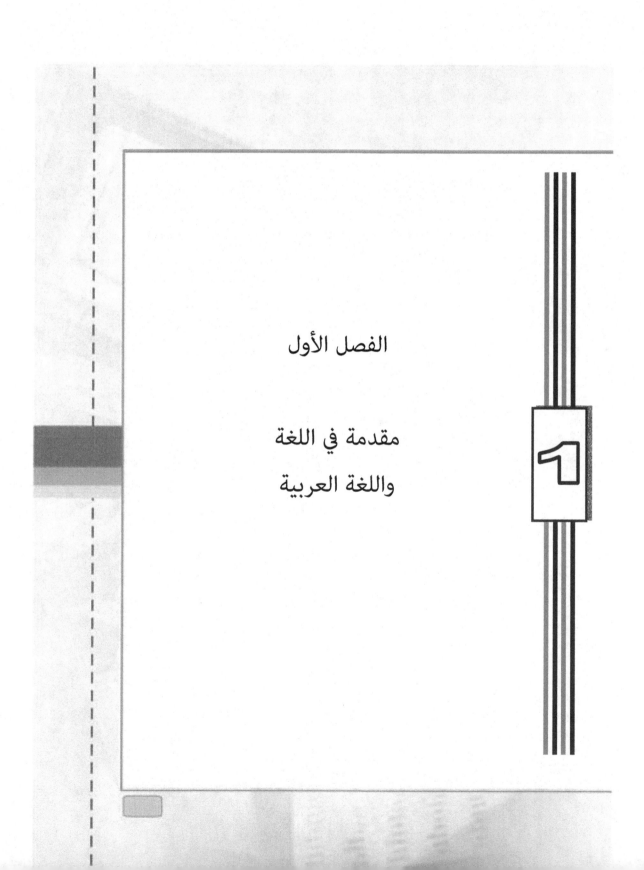

الفصل الأول

1

مقدمة في اللغة
واللغة العربية

الفصل الأول
مقدمة في اللغة
واللغة العربية

تمهيد

عرفت اللغة تعاريف عدة، ووجد الدارسون في تعريفها الدقيق مشقة كبيرة على الرغم من وضوح اللغة وجريانها على كلّ لسان. فقد عرفها إبراهيم أنيس بقوله: "نظام عرفي لرموز صوتية يستغلها الناس في الاتصال بعضهم ببعض، وفي التعبير عن أفكارهم". أو هي الأصوات التي يحدثها جهاز النطق الإنساني التي تدركها الأذن فتؤدى دلالات اصطلاحية معينة في المجتمع المعين. وتعد الأصوات التي تصدرها أعضاء النطق الإنسانية مظهراً من مظاهر اللغة العالمية ومن تلك الأصوات المنظمة تتألف الكلمات والجمل والعبارات التي تكون رموز حلها الإنسان بقابليته المبدعة محل الخواطر والأفكار. وتعد الرمزية سمة أساسية في الفكر الإنساني.

واللغة علم من العلوم الإنسانية، فقد قال أبو نصر الفارابي عن هذا العلم بأنه: "علم الألفاظ الدالة عن كل أمة، وعلم قوانين تلك الألفاظ، وهو الذي يعطي قوانين (النطق الخارج) أي القول الخارج بالصوت. وهو الذي به تكون عبارة اللسان عما في الضمير"، وقال الأستاذ هنري دولاكروا عن اللغة "هي دالة الفكر عما عبّر".

وتختلف اللغة عن الكلام من وجهين:

أ- من حيث أننا نقصد بلفظ (الكلام) الخارجية فقط. وبهذا المعنى تكون (اللغة) جنسا، و(الكلام) نوعا من أنواعها.

13

ب-   من حيث أن (الكلام) يفيد الفعل الفردي الذي به نمارس وظيفة اللغة.

وعرّفت اللغة بأنها "أداة التفاهم الذي لا بد منه في كل مجتمع ولكل إنسان، والتفاهم هو تبادل المعاني، وله ناحيتان هما: الفهم والإفهام" والفهم يتم عن طريق سماع الكلام أو الحديث، وهذا هو الجانب الطبيعي في الإنسان، ويتم عن طريق النظر في القراءة. وتعدّ القراءة الجانب الاصطلاحي الصناعي. وكذا الحال بالنسبة إلى الإفهام الذي يتم عن طريق اللسان في الحديث أو الكلام، وعن طريق القلم في الكتابة الإنشائية. فالسمع واللسان هما الوسيلتان الطبيعيتان للتفاهم في جميع مراحل الطفولة قبل أن يتعلم الناشئ ما اصطلح عليه بالقراءة والكتابة اللتين اقتضتهما طبيعة الحياة. فالتفاهم الشفهي صحب الإنسان منذ نشأته وصغره، فسماع العبارات الصحيحة وفهمها، وقراءة الأساليب الجيدة المقرونة بالإدراك والتفهم كلها تؤدي إلى تنمية القدرة على التعبير. وبذا يكون السمع واللسان أقوى الوسائل في تثبيت اللغة وأساليبها من النظر واليد. فالتعلم الشفهي يسبق استخدام القراءة والكتابة. فالأثر يكون عظيماً في طبع الأساليب والتراكيب السليمة في الأذهان عندما تلخص دروس المطالعة، وعندما يتم الحوار في التعبير الشفهي، وتكرر العبارات الصحيحة على إسماع التلاميذ.

ويعرف علماء النفس اللغة بأنها "الوسيلة التي يمكن بها تحليل أية صورة أو فكرة ذهنية إلى أجزائها أو خصائصها التي بها يمكن تركيب هذه الصورة مرة أخرى في أذهاننا أو أذهان غيرنا بوساطة تأليف كلمات ووضعها في ترتيب خاص".

وينظر علماء الاجتماع إلى اللغة "كأنها عربة تحمل إلى الأجيال التالية ما عند الأجيال السابقة من ثقافة وعلم وفن وأدب". وقيل أن اللغة "هي مجموعة من الأصوات والألفاظ والتراكيب التي تعبّر بها الأمة عن أغراضها، وتستعملها أداة للفهم والإفهام، والتفكير، ونشر الثقافة، فهي وسيلة الترابط الاجتماعي لا بدّ منها للفرد والمجتمع".

والناس لديهم وسائل للتعبير عن أغراضهم، فلم تكن اللغة هي الوسيلة الوحيدة للتعبير، فهناك الإشارة، والحركة، والضحك، والبكاء، والرقص والغناء والموسيقى والرسم.

ومع هذا تبقى اللغة (الكلام) أرقى أنواع التعبيرات الصوتية، وهذه الظاهرة لا توجد إلا عند الإنسان وحده. إذ بها كرم الله الإنسان على سائر المخلوقات. قال تعالى (خَلَقَ الْإِنسَانَ {3/55} عَلَّمَهُ الْبَيَانَ {4/55}) الرحمن: ٣ - ٤

وقال تعالى (الَّذِي عَلَّمَ بِالْقَلَمِ {4/96} عَلَّمَ الْإِنسَانَ مَا لَمْ يَعْلَمْ {5/96})العلق: ٤ - ٥

ورأى قورة أنّ اللغة بمعناها الواسع هي "أداة التفاهم ووسيلة التعبير عما في النفس بين المخلوقات. فالطيور بفصائلها المتعددة لها وسائل تعبيرية يتعارف عليها أفراد كل فصيلة ويستجيب أحدها للآخر استجابات مختلفة تبعا لنماذج الاختلاف التي تشتمل عليها وسيلتهم في التفاهم ونقل المعارف والمشاعر... والحيوانات بأنواعها المختلفة يتفاهم أفراد كل منها بلغة خاصة به، وإن لم تكن ذات مقاطع وحروف وكلمات... وهناك من وسائل التعبير بين الطيور والحيوانات مالا يقوم على أصوات بل يؤدي وظيفته بالحركة أو اللمس أو الشم".

وورد في القرآن الكريم عدد من الآيات تشير إلى أن للحيوانات لغة خاصة بها، (وَوَرِثَ سُلَيْمَانُ دَاوُودَ وَقَالَ يَا أَيُّهَا النَّاسُ عُلِّمْنَا مَنطِقَ الطَّيْرِ (16) النمل: ١٦

وتمكّن سليمان عليه السلام من أن يتفاهم هو والهدهد كما جاء في سورة النمل: (فَمَكَثَ غَيْرَ بَعِيدٍ فَقَالَ أَحَطتُ بِمَا لَمْ تُحِطْ بِهِ وَجِئْتُكَ مِن سَبَإٍ بِنَبَإٍ يَقِينٍ {22/27} إِنِّي وَجَدتُّ امْرَأَةً تَمْلِكُهُمْ وَأُوتِيَتْ مِن كُلِّ شَيْءٍ وَلَهَا عَرْشٌ عَظِيمٌ {23/27} وَجَدتُّهَا وَقَوْمَهَا يَسْجُدُونَ لِلشَّمْسِ مِن دُونِ اللهِ وَزَيَّنَ لَهُمُ الشَّيْطَانُ أَعْمَالَهُمْ فَصَدَّهُمْ عَنِ السَّبِيلِ فَهُمْ لَا يَهْتَدُونَ {24/27}**النمل: ٢٢ - ٢٤** ...إلى أن قال تعالى (قَالَ سَنَنظُرُ أَصَدَقْتَ أَمْ كُنتَ مِنَ الْكَاذِبِينَ {27/27} اذْهَب بِّكِتَابِي هَذَا فَأَلْقِهْ إِلَيْهِمْ ثُمَّ تَوَلَّ عَنْهُمْ فَانظُرْ مَاذَا يَرْجِعُونَ {28/27}) النمل: ٢٧ - ٢٨

وقد تفاهم سليمان عليه السلام هو والنمل (حَتَّى إِذَا أَتَوْا عَلَى وَادِي النَّمْلِ قَالَتْ نَمْلَةٌ يَا أَيُّهَا النَّمْلُ ادْخُلُوا مَسَاكِنَكُمْ لَا يَحْطِمَنَّكُمْ سُلَيْمَانُ وَجُنُودُهُ وَهُمْ لَا يَشْعُرُونَ {18/27}) **النمل: ١٨**

وعندها فهم سليمان عليه السلام ما تعنيه النملة بقولها (فَتَبَسَّمَ ضَاحِكًا مِّن قَوْلِهَا) النمل: ١٩. وربما كان قريباً من معنى اللغة الخاصة بغير الإنسان من قوله تعالى (تُسَبِّحُ لَهُ السَّمَاوَاتُ السَّبْعُ وَالأَرْضُ وَمَن فِيهِنَّ وَإِن مِّن شَيْءٍ إِلاَّ يُسَبِّحُ بِحَمْدَهِ وَلَكِن لاَّ تَفْقَهُونَ تَسْبِيحَهُمْ إِنَّهُ كَانَ حَلِيمًا غَفُورًا {44/17})**الإسراء: ٤٤**.

وقد عرّف قورة اللغة الخاصة بالبشر بأنّها "العبارة التي يكشف بها المتكلم عن نفسه ويوضح بها مقصوده، وهي تتميز بالمقاطع والحروف والكلمات والجمل ذات التركيب الخاص".

وهناك علاقة قوية بين الفكر واللغة، وهذا ما دعا علماء المنطق إلى تعريفها "بأنها علم قوانين الفكر" أو "العلم الذي تعصم مراعاته الذهن من الخطأ في التفكير" إذ لا يمكن نمو التفكير من غير اللغة، فهي التي تمد الطفل بالألفاظ التي يطلقها على الذوات والمعاني.

وقد أكّد تلك العلاقة جيل العاملين في ميدان علم نفس اللغة بقولهم "عندما نقول بأن اللغة تؤثر في الفكر أو أن الفكر يؤثر في اللغة لا نقصد أنهما شيئان مختلفان تمام الاختلاف ويؤثر أحدهما في الآخر. بل نلمح إلى أن الظواهر التي تطلق عليها اسم الفكر تختلف عن الظواهر التي نسميها اللغة".

ويرى عبد العليم إبراهيم بأنّ تكون الفكرة في الذهن يظل عاما شائعا حتى تجد تلك الفكرة الوسيلة التي تضبطها وتحددها وتعبّر عنها بوساطة اللغة أو الرسم أو النموذج. "ودور اللغة في هذا التعبير له المقام الأول. لذا، قال: التفكير كلام نفسي، والكلام تفكير جهري" ويقول الشاعر في هذا المعنى:

إنّ الكلام لفي الفؤاد وإنما   جعل اللسان على الفؤاد دليلاً

نظريات نشأة اللغة واكتسابها

لا شك في أن الفضل الكبير في نشأة اللغة الإنسانية يعود إلى اجتماع الأفراد بعضهم ببعض، وحاجتهم إلى التعاون وتبادل الأفكار، فلولا المجتمع والحياة الاجتماعية ما وجدت لغة ولا تعبير إرادي. فاللغة أداة الفرد والمجتمع في التعبير عما يجول بالخواطر من معان ومدركات.

ومهما يكن من شيء فإن أهم ما قيل في نشأة اللغة يرجع إلى أربع نظريات: النظرية الأولى تقرر أن الفضل في نشأة اللغة الإنسانية يرجع إلى إلهام إلهي هبط على الإنسان فعلّمه النطق وأسماء الأشياء. إذ قال أبو الحسين أحمد بن فارس "اعلم أن لغة العرب توقيف، ودليل ذلك قوله تعالى: (وَعَلَّمَ آدَمَ الأَسْمَاء كُلَّهَا (31)) البقرة: ٣١.

فالأسماء كلها معلّمة من عند الله بالنص، وكذا الأفعال والحروف، لعدم القائل بالفصل، ولأن الأفعال والحروف أيضاً أسماء، لأن الاسم ما كان علامة، والتمييز من تصرف النحاة، لا من اللغة، ولأن التكلم بالأسماء وحدها متعذر.

في حين تقرر النظرية الثانية أن اللغة ابتدعت واستحدثت بالتواضع والاتفاق وارتجال ألفاظها ارتجالا. إذ قال ابن جني "إن أصل اللغة إنما هو تواضع واصطلاح، لا وحي ولا توقيف". ويتم التواضع بأن يجتمع حكيمان أو ثلاثة فصاعدا فيحتاجوا إلى الإبانة عن الأشياء المعلومات، فيضعوا لكل واحد منها سمة ولفظا، إذا ذكر عرف به ما مسماه، ليمتاز عن غيره، وليغنى بذكره عن إحضاره إلى مرآة العين... فكأنهم جاءوا إلى واحد من بني آدم فأومئوا إليه، وقالوا: (إنسان، إنسان، إنسان) فأي وقت سمع هذا اللفظ علم أن المراد به هذا الضرب من المخلوق... وهلم جرا فيما سوى ذلك من الأسماء والأفعال والحروف.

وهناك رأي يوفق بين النظريتين، وهذا الرأي هو لإمام الحرمين إذ قال: "اختلف أرباب الأصول في مأخذ اللغات، فذهب ذاهبون إلى أنها توقيف من الله تعالى، وصار صائرون إلى

أنها تثبت اصطلاحا وتواطؤا، وذهب أبو إسحاق في طائفة من الأصحاب إلى أن القدر الذي يفهم منه قصد التواطؤ لا بد أن يفرض فيه التوفيف...

والمختار عندنا أن العقل يجوز ذلك كلّه" ثم قال "أليس في قوله تعالى : (وَعَلَّمَ آدَمَ الأَسْمَاء كُلَّهَا (31)) البقرة: ٣١، دليل على أحد الجائزين، فإنه لا يمتنع أن تكون اللغات لم يكن يعلمها، فعلمه الله تعالى إياها، ولا يمتنع أن الله تعالى أثبتها ابتداء، وعلمه إياها".

أما النظرية الثالثة فتقرر أن اللغة الإنسانية نشأت من الأصوات الطبيعية، إذ قال أبو الفتح ابن جني: "حدّ اللغة أصوات يعبّر بها كل قوم عن أغراضهم"، فذهب أصحاب هذه النظرية إلى أن أصل اللغات كلها إنما هو من الأصوات المسموعات، كدوي الريح، وحنين الرعد، وخرير الماء، وشحيج الحمار، ونعيق الغراب، وصهيل الفرس، ونزيب الظبي، ونحو ذلك. ثم ولدت اللغات عن ذلك فيما بعد وسارت في سبيل الرقي شيئاً فشيئاً تبعا لارتقاء العقلية الإنسانية وتقدم الحضارة واتساع نطاق الحياة الاجتماعية، وتعدد حاجات الإنسان وما إلى ذلك.

أما النظرية الرابعة فقد تقرر أن الفضل في نشأتها يرجع إلى الغريزة الخاصة التي زود بها جميع أفراد النوع الإنساني مما يقدره على التعبير عن كل مدرك حسي أو معنوي بكلمة خاصة، كما أن غريزة التعبير الطبيعي عن الانفعالات تحمل الإنسان على القيام بحركات وأصوات خاصة (انقباض ا لأسارير وانبساطها، وقوف شعر الرأس، والضحك، والبكاء وكلما عرضت له حالة انفعالية معينة كالغضب، والخوف، والحزن، والسرور.... الخ).

ولم تحتفظ اللغة الإنسانية في تطورها بالوحدة التي بدأت بها، ولكنها انشعبت إلى لغات متعددة، ولهجات متباينة رجعها بعض العلماء إلى ثلاث فصائل، الأولى فصيلة اللغة الهندية-الأوربية، ومنها اللغة الفارسية والإنجليزية والفرنسية، والثانية فصيلة اللغات الجزرية، ومنها اللغة العربية، والثالثة فصيلة اللغات الطورانية ومنها - على ما قيل- اللغة التركية. ويرجع السبب في هذا الانشعاب والاختلاف إلى عوامل ثلاثة:

1- البيئات المختلفة التي عاشت لغة الإنسان فيها.

2- المساحات الشاسعة التي انتشرت بين ربوعها.

3- الجماعات الكثيرة التي تحدثت بها.

وقد اصطبغت دراسة اللغة بحاجات المجتمعات ومشكلاتها عموما، وبهذا يكون شأن اللغة شأن العلوم الأخرى إذ إنها تنشأ وتترعرع لدى الإحساس الاجتماعي بالحاجة إليها لحل مشكلات تلك الحضارة كل حسب ميدانه.

اهتم المفكرون والفلاسفة والعلماء باللغة منذ القدم إذ تناولوها بالدراسة والتحليل. فتأمل اليونانيون في نشأة اللغة، والعلاقة بين الكلمات ومعانيها، وطبقوا مبادئ المنطق على مسائل النحو، ونشأ عندهم الجدل حول طبيعة العلاقة بين معاني الكلمات وأصواتها، أهي علاقة اعتباطية أم هي علاقة منطقية؟ وبهذا يكون اليونانيون من أسبق الشعوب الأوربية في دراسة اللغة. وقد قال ديمقريطس (460-360 تقريباً ق.م) "بنكران النشأة الإلهية للغة. وأكّد أن اللغة غير كاملة كما يدل ذلك وجود المترادفات، والشواذ القواعدية، وتغير اللغة عبر الزمان".

وأكد أفلاطون (427-347ق.م) "أن اسم الشيء لا يمثل الشيء بنفسه، بل يمثل فكرة الشيء فقط". وحول مسألة نشوء اللغة قال سقراط: "إن القول بالمصدر الإلهي للكلمات ما هو إلا محاولة للتهرب من البحث العلمي في مصدر الأسماء".

(أما أرسطو فتوجه توجها فلسفيا وعلميا في دراسة اللغة فقال:

"إن اللغة لا توجد إلا بين البشر. وأن تغريد الطيور هو أقرب الأشياء للغة بين الحيوان".

واعتقد أنّ الأطفال لا يستطيعون النطق كالكبار لأنهم لم يوفقوا بعد في السيطرة على ألسنتهم، ويسيطر الطفل على لسانه من خلال التدريب. وأن الفرق بين الحيوان والإنسان في النطق يكمن في استعمال الإنسان للسانه، والفرق بين لغة الإنسان، وتصويت الأطفال والحيوان. إن لغة الإنسان قابلة للاختزال إلى مقاطع، ولا يكون ذلك في تصويت الحيوان

والأطفال، وقرر أن اللغة هي جزء من النظام الطبيعي، أما معاني الكلمات فهي من صنع الإنسان. وقسم الكلام على قسمين أساسيين هما الأسماء والأفعال، أما ما هو غير ذلك فوظيفته الربط المنطقي في جوانب عملية التفكير).

أما ابقريطس فقد رأى:

"أن اللغة نشأت من الطبيعة بينما لعبت مدرسة الإسكندرية دورا مهما في دراسة اللغة فخرجت جيلاً بعد جيل من النحويين والبلاغيين والموسوعيين...الخ".

أما الرومان فقد اقتبسوا الكثير من اليونانيين. واهتموا للغة لأنهم اعتمدوا عليها في السيطرة على أجزاء إمبراطوريتهم الواسعة الأطراف.

واهتم المسيحيون للغة واتخذوها أداة لنشر الدين عبر الأمصار، كما أنهم يعتقدون أنّ اللغة هبة من الله. أما المسلمون فقد اهتموا للغة القرآن الكريم وحرصوا عليها من التحريف، كما اهتموا لدراسة النحو حين شرع أبو الأسود الدؤلي بوضع أسسه (واهتم العرب أيضا بمسألة نشوء اللغة مثل ابن جني. كما ثار الجدل بين العلماء فيما إذا كانت اللغة موضوعة أو موقوفة (أي منزلة من الله تعالى) فابن فارس يرى أنها موقوفة، وابن جني يرجح أنها اصطلاح. وقد درس ابن سينا تشريح أجهزة النطق وكتب عنها مفصلا، فألف رسالة بعنوان (أسباب حدوث الحروف) وإذا أضفنا لهذه الرسالة ما كتبه في الجزء الثاني من كتاب القانون في الفصل المعنون تشريح الحنجرة والقصبة الهوائية. وما كتبه عن مسألة السمع في كتابه (الشفاء) يتبين لنا مدى أصالة ابن سينا فيما طرقه من مواضيع تدور حول الأسس التشريحية لإنتاج الكلام وتسلمه. وكتب الكندي في الأجهزة التشريحية المسؤولة عن النطق).

أما النظريات المعاصرة في اكتساب اللغة فقد اتجه العلماء والباحثون فيها اتجاهين متعارضين وهما: الاتجاه البيئي، والاتجاه الفطري.

فالعلماء البيئيون من أمثال (سكينر) يؤكدون أن عملية اكتساب اللغة نوع من التعلم فهي تخضع للقوانين والمبادئ التي تخضع لها أنواع التعلم كافة، كالمحاكاة والثواب والعقاب والتعزيز، فعندما يتمكن الطفل من إنتاج الأصوات الكلامية، يقوم بتقليد الكلمات التي يسمعها في بيئته. فإذا اتفقت هذه الكلمات واقتربت من النمط اللغوي السائد في البيئة يقوم

الراشدون بتعزيزها، مما يزيد احتمال تكرار حدوثها في الأوضاع والسياقات المستقبلية المشابهة وتعلمها، أما إذا كانت تلك الكلمات غير متفقة أو مقتربة من هذا النمط فسيقوم الراشدون بتجاهلها وعدم تعزيزها، مما يقلل حدوثها في المستقبل وعدم تعلمها.

أما العلماء الفطريون من أمثال (جومسكي) فيفترضون وجود بنى فطرية معينة، تنشط في سن معينة من النمو وينسبون إليها الدور المهم الذي يمكّن الطفل من اكتساب اللغة. أما عمليات المحاكاة والتعزيز فلا تؤدي إلا دورا ثانوياً في اكتساب اللغة. ولهذا افترض تشومسكي وجود أداة فطرية لاكتساب اللغة. تقوم بتخزين ومعالجة المعطيات اللغوية الخام التي يسمعها الطفل، وتمكنه من توليد مجموعة من القواعد اللغوية شبه المتناسقة والثابتة، والتي ربما تختلف عن القواعد اللغوية التي يستخدمها الراشدون، ويعتقد تشومسكي أن افتراض مثل هذه الميكانيزمات الفطرية، هو أمر ضروري لتفسير بعض الظواهر اللغوية العالمية التي تتبدى لدى اكتساب اللغة ونموها، كالسن الذي يبدأ فيه الطفل هذا الاكتساب، والبنية أو الانتظام الذي يتم به، إذ تبين أن معظم الأطفال الأسوياء يبدؤون باكتساب اللغة في سنّ واحدة تقريباً، ويستخدمون الميكانيزمات ذاتها على الرغم من اختلاف المعطيات اللغوية المتوافرة في بيئاتهم والتي يزودهم آباؤهم بها.

أما ماكنيل فيرى أن اتخاذ موقف حاسم إلى جانب البيئيين أم الفطريين، لم يكن أمراً مجدياً، فهو يرى أن البيئيين يفشلون في تفسير ظاهرة الابتكار اللغوي التي تتبدى عند الطفل فيما بين الثانية والخامسة من عمره، والتي تمكنه من إنتاج عبارات لم يسمعها في بيئته، ومن استخدام بعض القواعد اللغوية غير المتوافرة في لغة الراشدين في بيئته.

ويرى أيضاً أن الفطريين يعجزون عن تفسير عملية اكتساب اللغة دون عمليتي التقليد (المحاكاة) والتعزيز، لأن هاتين العمليتين تشكلان المفتاح الأساسي لاكتساب اللغة. وتشير المعلومات التي أسفرت عنها نتائج البحوث حتى الآن أن كلا التفسيرين -البيئي والفطري- صادق جزئيا، ومسؤولان معا عن تفسير ظاهرة اكتساب اللغة، لوجود بعض الأدلة التي تؤيد كلاً منهما.

أساليب تدريس قواعد اللغة العربية

إن اللغة الإنسانية لم تصل إلى استكمال مقوماتها من حيث تنويع الأصوات وأحكام الألفاظ، والدلالة الدقيقة على المعاني المختلفة إلا في عدة مراحل متعاقبة، وإذا اتخذنا ظاهرة النمو اللغوي عند الإنسان من عهد الطفولة إلى الرجولة مثالا نقيس به المراحل التي مرت بها نشأة اللغات فإننا نجد اللغة قد انتقلت من الأصوات إلى المقاطع إلى الألفاظ، ثم أخضعت لنوع من الوضع والاصطلاح، (ولما تجاوزت اللغة مرحلة النشأة والطفولة دخلت في طور تقديم جديد، وهو طور القوانين والضوابط اللغوية، التي تحميها من الفساد، ثم تهيأت لها بعد ذلك ألوان من التجميل والزينة والتأنق).

خصائص اللغة

من التعاريف السابقة للغة يمكن أن نستخلص الخصائص المميزة لها، ومن أهم هذه الخصائص ما يأتي:

1- اللغة نظام:

لكل لغة قواعد تحكمها، ولها نظام خاص في توزيع أصواتها، ولها نماذج محددة في بناء كلماتها وجملها. وهذا النظام جعل اللغة مجالا يستحق الدراسة والبحث. وعلى الرغم من اختلاف أنظمة اللغات في العالم وجد الدارسون وجوه شبه بين تلك النظم، فمنها ما يتصل بالأصوات، ومنها ما يتصل بالكلمات وبالنحو. ويتضح ذلك عند تعليم اللغات الثانية إذ يمكن الاستفادة من تلك الألفاظ والظواهر المشتركة بين اللغات، في بداية تعلم اللغات خاصة.

2- اللغة عرفية:

يجمع اللغويين الآن على أن اللغة لم تكن محكومة بالمنطق العقلي بل أنها محكومة بالعرف الاجتماعي. فحين نتساءل "لماذا اختصت دلالة الكلمة في كل لغة بمجموعة معينة من الأصوات في ترتيب خاص؟ بل لماذا اختصت الدلالة الواحدة في معظم الحالات بمجموعة خاصة من هذه الأصوات؟ ففي العربية مثلاً لماذا سميت الشجرة بالشجرة، والوردة بالوردة، والماء بالماء ونحو ذلك؟ وحين نتساءل لماذا تتخذ كل لغة نظاما خاصا في ترتيب الكلمات من الجملة؟، بل لماذا تتغير في اللغة الواحدة دلالة الجملة بتغير ترتيب الكلمات؟" وحين نتساءل

لماذا عاملت بعض اللغات أسماء معينة على أنها أسماء محايدة أي ليست مذكرة ولا مؤنثة؟ وربما يستمر التساؤل دون أن نجد الجواب المنطقي العقلي، ثم نقتنع في نهاية الأمر بالقول: أن كلّ ذلك مرده يعود إلى العرف والاصطلاح.

والعرف اللغوي يختلف عن الأعراض الأخرى فكثيراً ما تلجأ الشعوب عن عمد أو قصد إلى تغيير بعض عاداتها الاجتماعية خلال مدة معينة، ولكن يندر أو يستحيل أن يحصل مثل هذا في لغتهم، فالتطور اللغوي بطيء وتدريجي ويلحق اللغة دون عمد أو قصد، وبهذا تظل اللغة محافظة على أصولها وجوهرها.

3- اللغة رموز تحمل معنى:

إن اللغة المكتوبة واللغة الشفهية ما هي إلا رموز يضعها الكاتب والمتكلم، فالكلمة التي يتكلم بها المتكلم، أو الجملة التي يستخدمها لم تكن معنى بل هي رمز لمعان في ذهن المتكلم أو الكاتب. فاللغة وسيلة يستخدمها ليعبر بها عن المعاني التي لديه، وهي وسيلة مهمة للاتصال في كثير من المواقف، وأي خلل في استخدام هذه الرموز ينجم عنه توقف عملية الاتصال، وهي الغاية المتوخاة من اللغة. والاتصال في حد ذاته "مهارة شديدة التعقيد إذ تتضمن أكثر من مجرد إتقان تراكيب لغوية. فينبغي مراعاة أن يكون المنطوق ملائما لمستويات عدة منها هدف المتحدث، والعلاقة بين المتحدث والمتلقي، والموقف، والموضوع، والسياق اللغوي".

4- اللغة صوتية

من أبرز خصائص اللغة الأصوات، فمنها تتألف الكلمات والجمل والعبارات حين تنظم، وهي واسطة الإنسان في التعبير عن أفكاره وأحاسيسه منذ آلاف السنين. وهذه الأصوات موجات تنتقل خلال الهواء فتستقبلها الآذان. والأصوات الإنسانية ذات موجات مركبة أو معقدة فمنها الرئيس ومنها الفرعي.

وهذه الأصوات التي تؤلف منها الكلمات والجمل رموز تمكّن الإنسان بقدرته الخلاقة من أن يحلها محل الخواطر والأفكار. فالرمزية سمة أساسية في الفكر الإنساني، وهي التي مكنت الإنسان من أن يكون سيد الطبيعة، وأرقى الحيوانات.

ويتميز الرمز عن العلامة بأنه غير مقيد بزمن، أما العلاقة فقد تشير إلى الماضي أو

الحاضر أو المستقبل من الأحداث. فالأرض المبللة علامة على أن السماء أمطرت، وقوس قزح علامة على أنها تمطر الآن في مكان قريب، ودكنة السماء في الصباح علامة على احتمال سقوط المطر في أثناء اليوم. وقد تفيد العلامة معلومات في صورة مباشرة، فالعلامة الحمراء في إشارات المرور تفيد أن على السائق الوقوف.

ولما كانت اللغة ذات خصيصة صوتية فالعملية التربوية تقضي بمراعاة الجانب الشفهي في التعلم، ولاسيما في المراحل الأولى من تعليم اللغة مع التركيز على تنمية قدرة متعلم اللغة على التعبير عن مطالبة الذاتية لكي يحصل المتعلم على قدر كبير من الكفاية اللغوية بمعنى "أن يطوّر مهارته في استخدام اللغة إلى درجة يستطيع معها أن يعبر تلقائيا وبطلاقة عن الرسالة التي يرغب في التعبير عنها، وأن يستطيع التمييز بين الألفاظ اللغوية التي يستخدمها. بل يستخدمها بطريقة وظيفية صحيحة لأنها في الواقع جزء من نظام أكبر للاتصال. وعلى المتعلم أن يطور طرائق استخدامه للغة من أجل أن يصبح قادراً على نقل معانيه بطريقة فعالة تتناسب هي والمواقف التي يمر بها، وأن يصبح ملما بالمعنى الاجتماعي للتراكيب اللغوية، بحيث يتمكن من اختيار التعبيرات المناسبة للموقف اللغوي الاجتماعي، ويتجنب غيرها من التعبيرات التي لا تتناسب وهذا الموقف".

5- اجتماعية اللغة وإنسانيتها:

يعد المجتمع الإنساني المقوّم الأساسي للغة. "وهو بالنسبة إلى اللغة كالتربة بالنسبة إلى الزهرة أو الحبة. فالحبة تكمن فيها جرثومة الحياة ولكنها لا تنبت إلى في التربة. وكذلك اللغة في الإنسان، إذ يولد المرء مستعداً للنطق والكلام، ولديه أجهزته وأعضاؤه، ولكنه وحده منعزلاً عن الناس لا ينطق ولا يتكلم ولا تنشأ له لغة". ويتمثل هذا الاستعداد الفطري لدى الإنسان في صراخ الوليد ومناغاته، فهذه هي جرثومة اللغة أو القدرة على الكلام التي تنمو حين تتهيأ للمرء الحياة في مجتمع. فالإنسان لديه استعداد بالفطرة أن يتكلم، ولا أثر لهذا الاستعداد إلا في المجتمع الإنساني. ولم يفطن بعض الفلاسفة والمفكرين في الماضي إلى هذه الحقيقة.

فهذا صاحب قصة حي ابن يقظان قد اعتقد أن المرء يحيا، ويفكر وتنمو لديه الموهبة العقلية حين يكون معزولاً في جزيرة غير آهلة بالسكان على أن تتوافر له حاجات الحياة كالأكل والشرب والكساء والأمن. وحين يصبح رجلاً يتمكن من معرفة عظمة الخالق وقدرته ويقوم بعبادته في تلك الجزيرة المنعزلة.

ولكن اللغوي الحديث يأبى الاعتراف بذلك دون نطق أو دون كلام ويرى اللغة شبيهة بالخواطر التي داعبت أحلام أحد الفراعنة. لقد ثبت أن المرء مستعد للكلام بفطرته ولا أثر لهذا الاستعداد إلا في المجتمع الإنساني، والنمو اللغوي لدى الطفل متوقف على ما تتصف به حياة الأسرة التي ينتمي إليها الطفل. فالأسرة هي الوحدة الأساسية للمجتمع الإنساني سواء أكان مجتمعا مثقفاً أو بدائياً فالنشأة السليمة تسهم في نمو لغة الطفل كما يسهم التعليم المدرسي المنظم.

والطفولة إذا وجدت الرعاية والاهتمام بمراحلها المختلفة كانت نقطة تحول نحو الأحسن والأفضل. وعلى مر العصور والأزمان نجد الناس يتسابقون إلى إعداد الطفل ليعدوا بذلك جيل المستقبل المأمول. فتعليم الطفل للغة تعليما صحيحاً يفتح أمامه آفاقا واسعة وشاملة، ويعدّ تعلمها مفتاحاً من مفاتيح المعرفة الحاضرة والمستقبلية.

ومن الناحية التربوية نجد أن إنسانية اللغة تحتم عليها تحقيق تطلعات الإنسان مستخدمها، وتلبية مطالبه الأساسية، وتحقيق مطالب المجتمع الذي نشأت فيه. وليس هناك شك في أن الفضل في نشأة اللغة الإنسانية راجع إلى المجتمع والحياة الاجتماعية. فلولا وجود الأفراد مجتمعين، وحاجتهم إلى التعاون والتفاهم وتبادل الخواطر والأفكار لما وجدت لغة، ولا تعبير إرادي. فطبيعة الحياة الاجتماعية، وما تقتضيه هذه الحياة من شؤون هي التي ساعدت على نشوء اللغة، كما تنشأ غيرها من الظواهر الاجتماعية. فلا بد إذن من الاهتمام بتحقيق الجانب الاتصالي والاجتماعي للغة. "ومن المسلم به بين اللغويين الآن أن المرء يتعلم الكلام لا عن طريق الغريزة أو الإحساس الداخلي كما هو الشأن في عمليات التنفس أو الأكل أو الشرب أو المشي ونحو ذلك. بل يتعلمه من المجتمع الذي ينشأ فيه".

6- اللغة متطورة ونامية

تعد اللغة كائنا اجتماعياً حيا يعيش بالتطور، ويثرى بالتغيير والنماء. والظواهر الاجتماعية يسري عليها التطور والتغير في المجتمعات الإنسانية خلال مدة عن عمد أو قصد. واللغة وجميع نظمها شأنها شأن الظواهر الاجتماعية الأخرى من حيث التطور والتغير، إلا أن التطور اللغوي بطيء وتدريجي، ويلحق اللغة دون عمد أو قصد. وبهذا تظل اللغة محافظة على أصولها وجوهرها.

"ولو نظرنا نظرة تاريخية تتبعية إلى مفردات أي لغة لوجدنا هذه السمة واضحة وبيّنة. وعلى ذلك يجدر بالمعلم أن يكون واعيا هذه السمة التي تتصف بها اللغة عند قيامه بتدريسها".

7- اللغة سلوك مكتسب

للغة علاقة وثيقة بالمجتمع الذي يتكلم بها، فهي الطابع المميز لأفراده عن غيرهم من أبناء المجتمع البشري. واللغويون القدماء لم يفصلوا بين الوراثة واللغة فاعتقدوا بوراثة اللغة وجريانها في الدم. في حين رأى اللغويين المحدثون غير ذلك وهو أنه لا أثر للوراثة أو الجنس في تعلم اللغة، ورأوا أن اللغة ملك من يتعلمها وبهذا يظهر أن الفرد يكتسب العادات اللغوية المختلفة في المجتمع الذي يعيش فيه، إذ لم تكن للطفل المولد أية معرفة بلغته القومية إلا أن لديه استعدادا لتعلمها وبذلك تتجلى أهمية البيئة الاجتماعية، والتربية المنظمة في اكتساب الفرد للغة وأساليبها المختلفة.

وترى التربية الحديثة أن اللغة لم تكن فقط مجموعة من الحقائق يتلقنها الناشئ، بل هي مجموعة من المهارات التي يكتسبها الإنسان في حياته، وهي لا تختلف عن مهارة السباحة والرماية والسياقة والضرب على الآلة الكاتبة...الخ. يتعلمها الإنسان عن طريق التدريب المنظم والواعي. وكذا الحال بالنسبة إلى اللغة التي تحتاج إلى التدريب لإتقان مهارة المحادثة والاستماع والقراءة والكتابة حتى يصبح استعمالها عادة ميسرة وسهلة. "وقد تصنّف مهارة الاستماع والتحدث على أنها مهارات شفهية، بينما تصنف القراءة والكتابة على أنها مهارات تعبر عن لغة مرئية. كما أن هناك تصنيفاً آخر للمهارات تبعا للنشاطات المتبعة في كل

26

مهارة. لذلك قد يطلق على التحدث والكتابة مهارات إنتاجية، بينما ينظر إلى مهارات الاستماع والقراءة على أنها مهارات استيعابية".

وظيفة اللغة بالنسبة إلى الفرد والمجتمع وبناء الحضارة الإنسانية

تعد اللغة من الوسائل التي تربط بين الأفراد والجماعات والشعوب، فيها يتم تنظيم المجتمع الإنساني. ودرست اللغة في ضوء الحياة الاجتماعية عند نشوء المدرسة اللغوية في أوائل القرن العشرين، إذ أكد (لويس) صاحب كتاب (اللغة والمجتمع) تغلغل اللغة في كل شؤوننا العامة والخاصة. ورأى أن هناك قوتين تؤثران في اكتساب الطفل للغة، فالأولى تدفعه وتلقي به في أحضان المجتمع الذي ينتمي إليه كي يصير عضوا فيه متحسسا ومعاونا أفراده وتسمى بالقوة الجاذبة أما القوة الثانية فتسمى بالطاردة غذ تمنعه من ذلك المجتمع ليحتفظ بكيانه الشخصي واستقلاله. ولهاتين القوتين التأثير نفسه في الشعوب، فالأولى تجعل الشعوب مجتمعا إنسانياً مترابطا، والثانية تدفع كل شعب لأن يحتفظ بكيانه واستقلاله، ولكن الغلبة للأولى التي تجعل من الأفراد مجتمعا واحدا، ومن الشعوب مجتمعا إنسانياً عالمياً. ورأى (لويس) أيضا أن اللغة تؤدي وظيفتين بالنسبة إلى الفرد والمجتمع فالأولى بمثابة العملة التي تحقق أغراضهم وتقضي حوائجهم اليومية، والثانية تنفيسية يلجؤون إليها عند الكلام لذات الكلام كالحديث التلفوني، والتحية، وقد ترقى إلى الآثار الأدبية لتعبر عن الجمال والتأثير في قلوب الآخرين ونفوسهم.

وقرر لويس أن الإنسان في المجتمع الحديث لا يتوقف اكتسابه للغة إلا بانتهاء الحياة، فاللغة في نمو وتطور وذلك لشيوع الوسائل التي تعمل على هذا النمو والتطور، ومن بينها الإذاعة والسينما والصحف، فضلا عن سهولة الاتصال بين المجتمعات. فالقادة وجدوا في اللغة الوسيلة الأساسية في استمالة ميول الناس وأحاسيسهم، وخير منظم لشؤون الدولة الكثيرة.

وفي هذا الصدد أصرّ (ماكس مولر) على أن وظيفة الكلمات لا تقوم بنقل الأفكار نقلا مجرداً، وإنما وظيفتها التأثير في أفكار الآخرين، وبذا تصبح اللغة أداة لنقل الأفكار. فنقاد علم النفس من السلوكيين، ونقاد المنطق من المنطقيين الإيجابيين، وكذلك طلاب ما وراء الطبيعة

قد بعثوا اليوم مذهب (ماكس مولر) الذي يمكن أن يعبر عنه يكون "الأفكار لغة". وهنـاك الكثير ممن يذهب إلى القول بأن الكثير من المسائل الظاهرة في طبيعة التفكير ليس في الحقيقة أكثر من مسائل لغوية، ويوافقون على أن المنطق وما وراء الطبيعة وحتـى الرياضيات في جوهرهـا بنيـة اجتماعية ذات طبيعة لغوية في أساسها.

واللغة على الإطلاق هي أقوى عوامل الوحدة والتضامن بين أهلها، حتى لقد ذهب العالم اللغوي (إدوارد سابير) إلى أن اللغة هي على الأرجح أعظم القوى التي تجعل مـن الفرد كائنـا اجتماعياً. وقال الفيلسوف (فشتة) في بيان اللغة من اثر بالغ في تطور الشعوب: "إن اللغة تـلازم الفرد في حياته، وتمتد إلى أعماق كيانه، وتبلغ إلى أخفى رغباته وخطراته، أنها تجعل مـن الأمـة الناطقة بها كلا متراصا خاضعا لقوانين، إنها الرابطة الوحيـدة الحقيقيـة بـين عالم الأجسام وعالم الأذهان".

وللغة دور رئيس في التواصل بين البشر، إذ إنها تقع في بؤرة الأحداث الإنسانية، فيها انتقلت المعارف والاكتشافات والاختراعات الخاصة بالأجيال السابقة، وكذلك الآداب التي أنتجتها الثقافات المختلفة منذ فجر التاريخ على شكل شعـر أو قصص أو أساطير، وباللغة نـدير شؤوننا اليوميـة الصغيرة والعظيمة.

نرى أن كل الأمم تبذل جهودها القصوى في تعليم لغاتها، لما للغة من أهمية كبيرة في حيـاة المجتمعات والأفراد. فيها يعبر الفرد عن مشاعره وعواطفه وأحاسيسـه، ومـا يـدور في ذهنـه مـن أفكار. وبهذا يتجلى الفرق بين الإنسان وغيره مـن الأحيـاء الأخرى. فاللغـة تعد الحيـاة البشرية بسمة المشاركة والمبادلة في العواطف والأحاسيس. وبها يـتمكن الإنسان مـن الوصول إلى بنـي جنسه عند تلبية حاجاته وتنفيذ رغباته في المجتمع الذي يعيش فيه.

واللغة ثمرة من ثمرات التفكير والإنساني للسيطرة على البيئة التي يعيش فيهـا المـرء، فالتجريد والإدراك والتحليل والاستنتاج عمليات فكرية يقوم بها العقل الإنسـاني بوسـاطة اللغة. فالتفكير لا يتم دون استخدام الألفاظ الدوال على المعاني التي تنشأ في الذهن "فحد اللغة هي كل لفظ وضع لمعنى، واللغات عبارة عن الألفاظ الموضوعة للمعاني، والتفكير كلام نفسي، والكلام تفكير جهري. وكل فكرة لا تتجلى في ألفاظ لا تعد فكرة". واللغـة

وسيلة لنقل التراث من الجيل السابق إلى الجيل اللاحق، وتحتفظ بمكونات ذلك التراث بما فيه التقاليد الاجتماعية، ولولا اللغة لما عرفنا شيئا عن حياة الأجداد وأخلاقهم ونتاجهم. وكلما ارتقت الأمم كثر اعتمادها على اللغة، ودليل ذلك كثرة الصحف والكتب والمؤلفات التي تتميز بها الأمم الراقية من الأمم المختلفة. فاللغة عامل قوي في تسهيل عمليات التفاعل الاجتماعي بين الناس، كما أنها وسيلة للدعاية تعتمد عليها الفئات السياسية والفلسفية والمذهبية في جذب الآخرين للإيمان بمبادئها وأفكارها، كما أنها حجة قوية وراسخة لتأييد تلك الآراء، ودحض حجج الخصوم.

"واللغة أداة من أدوات الحياة العامة، وأنها لا تقوم بواجبها ما لم تؤد غرضها فيها، ولا تبلغ منزلتها الحقيقية لدى أهلها ما لم تعنهم فيما هم فيه وعليه. والتلميذ واحد من هؤلاء الأهل لا يمكن أن يحسّ بأهمية اللغة، ولا يمكن أن يحسن تناولها ما لم تقدم إليه على أنها جزء من الحياة لا يستغني عنه في أمور من الحاجات الآنية من أكل وشرب، أو في أمور من حاجات الفن والإبداع".

خصائص اللغة العربية

الهدف من معالجة هذا الموضوع هو إبانة خصائص اللغة العربية وتوضيحها مع الإشارة إلى موقف التربية اللغوية من كل خصيصة من تلك الخصائص.

تميّز العربية صوتيا:

تعد اللغة العربية أوفى اللغات جميعها عند قياس اللسان العربي بمقاييس علم اللغات، فالعربية تستخدم جهاز النطق الإنساني استخداما تاما وكاملاً، فالعقاد يقول "أن اللغة العربية تستخدم هذا الجهاز الإنساني على أتمه وأحسنه، ولا تهمل وظيفة واحدة من وظائفه كما يحدث في أكثر الأبجديات اللغوية...فلا التباس في حرف من حروفها بين مخرجين ولا في مخرج من مخارجها بين حرفين".

وذكر علي عبد الواحد وافي في كتابه فقه اللغة: (أن العربية أكثر أخواتها احتفاظاً بالأصوات، فقد اشتملت على جميع الأصوات التي اشتملت عليها أخواتها، وتميزت منها

بأصوات كثيرة لا وجود لها في واحدة منها: الثاء والذال والغين والضاد... وأضاف مقسما الأصوات العربية نحو خمسة عشر مخرجا، وهي المخارج الجوفية والحلقية وعددها أربعة مخارج، والمخارج اللسانية، وهي تسعة مخارج، والمخارج الشفوية وعددها مخرجان... والوسيلة السريعة والبسيطة لمعرفة مخرج أي صوت هي أن تأتي بهمزة قبله، ثم تنطق به ساكناً أو مشددا، فحيث ينقطع الصوت يكون مخرج الحروف).

ومن منطلق كون اللغة العربية بدأت مثل أية لغة، أو من كونها ذات ثروة عظيمة بأصواتها، كان طبيعيا أن يكون المدخل الصوتي هو المدخل الرئيس لتعليمها. ومن منطلق هذه الثروة الصوتية، ووفرة مخارج الحروف أدرك المربون المخارج الدقيقة للحروف في اللغة العربية، كما أنهم أدركوا الخطأ والخلط الذي يشيع عند نطق الحروف المتقاربة المخارج "وإذا كان الخلط أو الخطأ مما يقع في حياة الكبار فهو في حياة الصغار أشد شيوعاً مع تفاوت بينهم بعامل السن، ودرجة النمو، والوسط الاجتماعي، والفروق الفردية، فضلاً عما قد يكون من خلل عضوي في أعضاء النطق. وكثيراً ما يقع الخلط بين التاء والثاء، كأن يقال في (ثلاثة) تلاته وبين الثاء والسين، كأن ننطق (وثب) (وسب) وغيرها من الحروف الأخرى". وعلاجا لذلك ينبغي تقليد التلاميذ لمعلمهم تقليداً صحيحاً، فالمعلم يجب أن يكون نموذجا لتلاميذه عند أدائه للكلمات والحروف. ولا بد من الاستعانة بالتسجيلات الصوتية، ومختبرات الصوت. وكذلك إقامة التدريبات الصوتية للتلاميذ التي تجعل أعضاء النطق مهيأة لتأدية الأصوات الدقيقة، وإخراج الحروف من مخارجها. وهناك عدة وسائل لهذه التدريبات كسماع الأصوات من مصادر متعددة ومتنوعة، سواء أكانت أصوات حيوان أم طيور ومحاولة التلاميذ محاكاتها والتمييز بينها، وينشط هذا الجانب عن طريق التمثيليات. كما يمكن أن تأتي بأبيات متعددة من تراثنا الأدبي لكي نستطيع أن نعزز هذا الجانب لدى التلاميذ كقول المتنبي:

خميس يشرق الأرض والغرب زحفه   وفي أذن الجوزء منه زمازم

لما في هذا البيت من صحة، وما يثير من رهبة مفزعة لإدراك الجرس الصوتي.

30

علاقة الحروف بدلالات الكلمات على المعاني

انقسم الباحثون المتخصصون بهذه الظاهرة اللغوية على قسمين: القسم الأول أنكرها كليـة، والقسم الثاني تعصب لها وناصرها. غير أننا يمكن أن نلمس لهذه الظاهرة بعض الوجـود البسـيط عند دراستنا للغة. "فهناك ارتباط بين الحروف ودلالات الكلمات في العربية عـلى المعـاني، فحـرف السين مثلاً يدل على المعاني اللطيفة كالهمس والوسوسة والتنفس والحس. ولكن يلاحظ أنه يتغـير إذا تغير موقعه من الكلمة كما يلاحظ في المشابهة اللفظية والمعنوية بين السد والشد والصد. كـما أن الحـروف لا تتسـاوى في هـذه الدلالـة، ولكنهـا تختلـف بـاختلاف قوتهـا وبروزهـا في الحكايـة الصوتية، كما يلاحظ في هذه السمة أنّ العـبرة بموقـع الحـروف مـن الكلمـة لا بمجـرد دخولهـا في تركيبها".

إن هذه الظاهرة اللغوية لم تكن مقصورة على اللغـة العربيـة وحـدها، بـل هـي شـائعة في اللغات الأخرى إلا أن العربية أصلح اللغـات لهـذا البـاب مـن الدراسـات اللغويـة لكـون مخـارج حروفها مستوفاة ومتميزة، في حين نجد أن اللغة الأخرى تعوزها الحروف الحلقية، أو تلتبس فيها مخارج حروف الهجاء.

وعلى الصعيد التربوي يمكن الاستفادة من هذه الخصيصة إذ يمكن أن يقـوم معلـم المراحـل المتقدمة بربط الإيقاع الصوتي للكلمـة بـالموقف الـذي تسـاق فيـه هـذه الكلمات عند تـدريس النصوص الأدبية.

تميز اللغة العربية بظاهرة الترادف

المعروف أن لكل لفظة في أية لغة معنى واحداً، أي أن يكون إزاء المعنى الواحد لفظ واحـد. وقد تتعدد الألفاظ للمعنى الواحد، أو تتعدد المعاني للفظ الواحد نتيجة لظروف تنشأ في اللغـة. وهذا ما يسمى بالمترادفات، والمترادفات هي "ألفاظ متحدة المعنى، وقابلة للتبادل فـيما بينهـا في أيّ سياق".

"إن الترادف التام نادر الوقوع إلى درجة كبـيرة فهـو نـوع مـن الكماليـات التـي لا تسـتطيع اللغة أن تجود بها في سهولة ويسر، فإذا ما وقع هذا الترادف التام، فالعـادة أن يكـون ذلـك لمـدة

قصيرة محددة إذ إن الغموض الـذي يعـترى المـدلول، والألـوان أو الظـلال المعنوية ذات الصـبغة العاطفية أو الانفعالية التي تحيط بهذا المدلول لا تلبث أن تعمل على تحطيمه، وتقويض أركانـه، وسرعان ما تظهر بالتدرج فروق معنوية دقيقة بين الألفاظ المترادفة، بحيث يصبح كل لفظ منها مناسباً وملائماً للتعبير عن جانب واحد فقط من الجوانب المختلفة للمدلول الواحد".

وهناك اختلاف كبير بين اللغويين العرب في وقوع الترادف التام في اللغة العربية، فقـد حضـر أحد شيوخ اللغة مجلس سيف الدولة الحمداني بحلب، وكان عنده جماعة من أهل اللغـة، ومـن بينهم ابن خالويه الذي قاله: احفظ للسيف خمسين اسما، فتبسم وقال: ما أحفظ إلا اسما واحداً، وهو السيف. قال ابن خالويه: فأين المهند والصارم وكذا وكذا؟ فقال له الشيخ: هذه صفات، وكأنّ ابن خالويه لا يفرق بين الاسم والصفة.

وترجع أسباب كثرة المفردات والمترادفات في اللغة العربية إلى:

1- احتكاك لغة قريش باللـهجات العربيـة الأخـرى، إذ اقتبست هـذه اللغـة المفردات التـي كانت تحتاج إليها، والمفردات التي لم تكن في حاجة إليها لوجود نظائرها في متنها الأصلي. وبهذه الحالة عززت لغة قريش مفرداتها وقد أدى ذلـك إلى كثرة المترادفات في الأسـماء والأوصاف والصيغ.

2- السبب الثاني يرجع إلى أن جامعي المعجمات لم يقتصروا علـى الأخـذ عـن لغـة قريـش وحدها بل أخذوا عـن قبائل أخـرى كثيرة. وكانـت لهجات المحادثـة تختلف بـاختلاف القبائل حتى بعد غلبة لغة قريش علـى السـنة العرب فزاد هـذا مـن نطـاق المفردات والمترادفات في المعجمات.

3- السبب الثالث يعود إلى حرص جامعي المعجمات على تسجيل كـل شيء، فدونوا كلـمات كثيرة كانت مهجورة الاستعمال، ومستبدلة بمفردات أخرى.

4- السبب الرابع هـو أن كثيراً مـن الأسـماء المترادفة في المعجمات هـي في الأصل نعوت لأحوال المسمى الواحد ثم تنوسيت هـذه الأحـوال تـدريجياً، وتجـردت مـدلولات هـذه النعوت مما كان بينها من فوارق وغلبت عليها الاسمية.

32

فأسماء السيف كالهندي والحسام والقاطع يدل كل منها في الأصل على وصف مغاير لما يدل عليه الآخر.

5- السبب الخامس هو أن الألفاظ التي تبدو مترادفة هي في الواقع ليست مترادفة فكل منها على حالة تختلف بعض الاختلاف عن الحالة التي يدل عليها غيره مثل: (رفق ولحظ ورنا)... الخ فرفق يدل على النظر بمجامع العين، ولحظ على النظر من جانب الأذن، ورنا يدل على إدامة النظر في سكون. والسبب الأخير هو انتقال بعض الألفاظ إلى اللغة العربية من أخواتها اللغات الجزرية وكان لها نظائر في متنها الأصلي.

ويتمثل موقف التربية اللغوية من هذه الظاهرة بأن يرفض معلم اللغة العربية فكرة الترادف، إذ أن هناك اختلافا في الجذور اللغوية بين الألفاظ التي زعم أنها مترادفة. إلا إن هذه الفروق والاختلافات في اللفظة المترادفة قد نسيت فحصل ما يسمى بالترادف. وعلى المعلم أيضاً أن يدرب تلاميذه على الكشف في المعاجم والبحث عن المعاني لمعرفة الفروق بين الكلمات توخيا للدقة والوضوح، كما يعمل هو وتلاميذه على الرجوع إلى كتب اللغة التي تفرق بين دلالات الألفاظ كفقه اللغة للثعالبي، والمزهر للسيوطي كقول الثعالبي: "أول النوم النعاس وهو النوم الخفيف، ثم التهويم والغارب والتهجاع" وهو النوم القليل. ثم الرقاد وهو النوم الطويل. ولا بد أن يعرف التلميذ اسما واحداً للشيء الواحد بدلاً من الكثرة المختلفة التي لا غناء فيها، وبعد ذلك يستطيع أن يبحث عن كلمة لكل معنى يريده.

اللغة العربية اشتقاقية

يعد الاشتقاق إحدى الوسائل التي تنمو بها اللغات وتتسع بها ثروتها من المفردات، مما يعطيها مرونة في التعبير هو توليد لبعض الألفاظ من بعض، وهذه الألفاظ المولدة ترجع جميعها إلى أصل واحد يحدد مادتها، ويوحي بمعناها المشترك الأصيل مثلما يوحي بمعناها الخاص الجديد.

ويستطيع المتكلم في الاشتقاق استخدام الأوزان بمقدار ما يحتاج إليه من المعاني بحسب أغراضه واحتمالات تفكيره، فلم تكن الكلمة هي المفروضة عليه لأنها وضعت من أصلها ارتجالا أو محاكاة لصوت، فالمتكلم هو صاحب الشأن في تصريف المشتقات.

وتنقسم اللغات من حيث التكوين إلى لغات النحت، ولغات التجميع، ولغات الاشتقاق. فلغات النحت هي التي تتكون فيها الأسماء والأفعال والصفات بإدخال المقاطع الصغيرة عليها أو إلحاقها بها. ولغات التجميع هي اللغات التي تعتمد على اللصق، ولكنها تعتمد قبل ذلك على التنغيم لتنويع المدلول، والتمييز بين الصفات والظروف وبين الأوقات والأجناس. أما لغات الاشتقاق فهي اللغات التي يعمّ فيها الفعل الثلاثي في كل مادة، وتجرى قواعد الصرف فيها على المخالفة بين الأوزان بحسب معانيها، ويكثر فيها اختلاف الحركة في أواخر الكلمات اتباعا لموقعها من الجملة المفيدة. ويلاحظ أن النحت يشيع في اللغات الهندية الجرمانية، كما يشيع التجميع في اللغات المغولية، أما الاشتقاق فهو من خصائص اللغات الجزرية.

والاشتقاق ظاهرة لم تخل منها اللغات الأخرى، ولكن ليس إحداها ما للعربية من هذا الثراء أو هذه المرونة، أو العدد الجم الذي يؤخذ من اللفظة الواحدة. ويقوم الاشتقاق في العربية بمهمة لايستهان بها في تنويع المعنى الأصلي إذ يكسبه نواحي مختلفة بين طبع وتطبع، ومبالغة، وتعديه ومطاوعة...الخ ولم يكن وضع الصيغ المختلفة للأصل اللغوي أمراً سهلاً إذ إن لكل صيغة معناها الخاص بها. فمثلاً صيغة (فعلان) تدل على الاضطراب، والحركة مثل طيران، وصيغة فعلان تدل على حال من الأحوال مثل (ريّان)، وصيغة (فعال) تدل على الأدواء مثل (صداع)، وصيغة (مفعال) تدل في الأغلب على عادات الاستكثار مثل (مطعام) فالزيادة في المبنى ما هي إلا زيادة في المعنى.

وفي الاشتقاق القياسي يمكن أن نشتق مثلا من الفعل الماضي (سمع) كلمات متعددة مثل المضارع (يسمع)، والأمر (اسمع)، واسم الفاعل (سامع)، واسم الآلة (مسمع ومسماع ومسمعة وسماعة)، وصيغة المبالغة: سميع وسمّاع، ولنا أن نزيد الفعل بحرف أو أكثر: "أسمع، وسمّع وتسامع". أما الاشتقاق غير القياسي فإنه يؤخذ فيه من الجذر اللغوي الواحد كلمات متعددة، فمن لفظة (سكن) تشتق (السكينة) و(السكنى) و(المسكين) و(السكان) و(السكين)، وما إليها ونجد ذلك واضحاً عند الرجوع إلى مادة لغوية في القاموس ا لمحيط أو لسان العرب أو الصحاح.

وتتمثل التربية اللغوية في الاستفادة من هذه الظاهرة اللغوية وذلك بأن يقوم المعلم بعقد الصلة الوثيقة بين التلاميذ ولغتهم عن طريق الأمثلة والتطبيق لتدريبهم على تلمس الصيغ الاشتقاقية، والاستفادة منها عند التعبير عن المعاني المختلفة، وعند كتابة القول الفني شعراً أو نثراً. ولعل إعجاب التلميذ بلغته يزداد، وحبه لها يتعمق حين يكشف له المعلم ميزة في اشتقاقها ربما لا تتوافر للغة أخرى على النحو الذي توافر لها. فهي تشتق من لفظة (طيران) مثلا: "طيّر" وتأتي للدلالة على التعدية بكلمة واحدة. فإذا أراد الشخص الدلالة على هذا المعنى في اللغة الإنكليزية مثلاً لم تكفه كلمة واحدة، وكان لا بد من كلمات، كأن يقول: (to make to fly) وكذلك الشأن في كثير من الصيغ.

اللغة العربية لغة إعراب

يعد النحو العربي فن هندسة الجملة لارتباطه بالمعنى ودلالته عليه، فقواعد العربية هي التي تنظم بناء الجملة، وتحدد وظائف الكلمات فيها، وتساعد على الفهم الدقيق عند ضبط أواخر الكلمات. والإعراب العربي يشمل أقسام الكلام من الأفعال والأسماء والحروف حيثما وقعت بمعانيها من الجمل والعبارات، وبهذا يختلف عن الإعراب الشائع في بعض اللغات الهندية الجرمانية كاللاتينية. وبعض اللغات القديمة كاللغة المصرية على عهد الفراعنة.

فبالإعراب يمكن تمييز الكلام وفي ذلك يقول أحمد بن فارس "من العلوم الجليلة التي خصت بها العربية الإعراب الذي هو الفارق بين المعاني المتكافئة في اللفظ، وبه يعرف الخبر الذي هو أصل الكلام. ولولاه ما ميّز فاعل من مفعول، ولا مضاف من منعوت، ولا تعجب من استفهام، ولا نعت من تأكيد".

ويمكن الاستفادة تربوياً من هذه الخصيصة وذلك باختيار الموضوعات المقررة على الدارسين مما هو وظيفي، ويمكن استخدامه في الحياة العملية، وفضلاً عن ذلك ينبغي لمعلمي العربية، ومعلمي المواد الدراسية الأخرى أن يلتزموا في أحاديثهم وكتاباتهم باتباع القواعد النحوي كي يتمكن تلاميذهم من الأنماط اللغوية السليمة عن طريق الممارسة والتكرار والسماع الصحيح. فالاستخدام السليم للغة يؤدي إلى الفهم السليم للمعاني المختلفة، التي لها علاقة مباشرة بحياة التلاميذ ومستقبلهم.

وظيفة اللغة العربية بالنسبة إلى الفرد وإلى المجتمع ودورها القومي

للغة وظائف اجتماعية، فهي أداة التفاهم والتعبير، ووسيلة للفهم، ورباط قومي قوي لوحدة الأمة، ومقياس دقيق على مدى تحضرها ورقيها في أحوالها الاجتماعية، ووسيلة للدعاية والتفاعل، كما أنها مظهر من مظاهر الإنسانية المتميزة، ورباط بين حاضرها وماضيها. كما أنها أداة التوجيه الديني والتهذيب الروحي.

وللغة وظائف ثقافية فهي تعمل على حفظ التراث العقلي، ونشر ثقافات الأمم بين شعوبها عن طريق دور العلم ومعاهده.

وللغة وظائف نفسية فهي أداة التأثير والإقناع عند تفاعل الفرد والمجتمع، وأداة للتذوق الفني، والتحليل التصوري، والتركيب اللفظي لإدراك المفهوم العام ومقاصده.

وللغة أيضاً وظائف عقلية فهي تزود الفرد بأدوات التفكير، وتساعده على تكوين العادات العقلية، وإدراك الأشياء الجزئية والكلية.

وتعد اللغة العربية من الوسائل المهمة في الارتباط الروحي والقومي، فبها توحد العرب، وقويت رابطة المحبة في الماضي والحاضر، فهي لغة القرآن الكريم الذي وحد القبائل العربية، وصهر مشاعرها في بوتقة المفاهيم والقيم الجديدة، ولولا القرآن الكريم الذي نزل به الروح الأمين على قلب الرسول العربي الكريم تأييداً لدعوته ودستوراً لأمته لكان العرب بدوا، فاللغة عنوان الأمة تنهض بنهضتها، وتنحدر بانحدارها. ومن هنا "فإن الأمة هي اللغة، واللغة هي الأمة".

إن لغة القرآن لغة حيوية، وهذه الحيوية صانتها من الانقراض الذي شمل شقيقاتها منذ مئات السنين، كما شمل معاصراتها من اللغات الآرية كاللاتينية وغيرها. ولحيوية العربية أحبتها الشعوب والأمم المستعربة، واستبدلت بها لغاتها الأصلية. "فمعرفة اللغة العربية مفتاح لمعرفة الإسلام، وبهذا استطاعت هذه اللغة خلال مدة وجيزة أن تحل محل اللغات الإقليمية والمحلية في البلدان التي أظلتها راية الإسلام في الشرق والغرب إبان حركة الفتوح الإسلامية، وأن تكون لها السيادة المطلقة في تلك الأصقاع النائية عن مهد العربية وموطنها الأول (الجزيرة العربية)".

الفصل الأول.. مقدمة في اللغة واللغة العربية

وتعد اللغة العربية الفصحى الركن الأساسي في بناء الأمة العربية، تلك اللغة التي انحازت من بين لغات العالم بتاريخها الطويل المتصل، وثروتها الفكرية والأدبية، وحاضرتها التي وصلت قديم الإنسانية بحدثيها، ورابطتها التي تنفصم بكتاب مقدس، ودين يزيد معتنقوه عن خمس سكان العالم.

لقد ارتبطت حياة العروبة باللغة الفصحى ارتباطا وثيقا في كل أدوار تاريخها الطويل منذ نشأتها في الجزيرة العربية حتى إحياء دعوة القومية العربية في المرحلة الحاضرة من نهضتها. فمنها استمدت الإلهام والقوة في يقظتها الحديثة.

وفي الجاهلية تطورت اللغة فتوحدت اللهجات المتعددة للقبائل في لغة واحدة فأصبحت لغة الشعر والأدب الذي يعدّ ديوان الأمة، وسجل حضارتها وأخلاقها، وقيمها الاجتماعية، ومعارفها. وقد توجت هذه الوحدة اللغوية بنزول القرآن الكريم على النبي محمد ﷺ. وقد وجد العرب في هذا الكتاب مثالية من عبقرية لغتهم الموحدة، فكان الإسلام إيذانا بمولد أمة جديدة ذات حضارة عريقة كتب لها وللغتها الخلود، فانطلق العرب ينشرون دعوة التوحيد، ويحررون شعوب الأرض من سلطان العقائد الفاسدة، فاندفع المسلمون العرب وغير العرب إلى الإبداع والإنتاج الفكري والأدبي باللغة الفصحى. وبهذا شهد العالم نشوء حضارة عالمية شاملة تفتح صدرها لجميع الثقافات، وتوفر حرية الضمير والاعتقاد لكل مواطن. وتتخذ من لغتها الفصحى رابطة إنسانية متينة توحد بين شعبيها العربي والإسلامي في الفكر والحياة، وتسهم هذه الحضارة الجديدة في الحضارات الأخرى لرقي البشرية في الميادين المختلفة كميدان المعارف والفنون والآداب، فضلاً عن الميادين الاقتصادية والاجتماعية والسياسية.

وقد تعرضت اللغة العربية لعصف رياح اللغة الفارسية إبان العهد العباسي، وجور اللغة التركية إبان الاستعمار العثماني، ومزاحمة الفرنسية إبان حملة نابليون بونابرت على مصر عام 1798م. وعلى الرغم من تلك التيارات ظلت لغة القرآن الكريم والسنة النبوية شامخة في هيكلها، وقالبها لأنها لغة سلسلة تمتاز برقة ألفاظها، وسلامة نطقها، وعذوبة جرسها الموسيقي.

وقد حارب الاستعمار الحديث بكل أشكاله اللغة العربية الفصحى، واتجه هذا العداء في اتجاهين، الأول يدعي أن العربية الفصحى صعبة وجامدة وبدوية متخلفة عن تطور العصر. والاتجاه الثاني يدعو إلى العامية ويصفها بالسهولة. والمرونة والقدرة على التعبير عن مطالب الحياة العصرية. إن الاستعمار يبغي من وراء ذلك إحلال العامية محل العربية الفصحى، فإن تعذر ذلك فلتكن اللهجات العامية وسيلة للقضاء على لغتنا المشتركة.

إن ادعاء الذين يقولون إن العربية لا تتسع لمعارف العصر الحاضر لهو ادعاء باطل وواه لا يمكن أن يقام له وزن. فلغتنا لغة حيّة إذ تميزت بالأخذ والعطاء يوم كانت زاهية مزدهرة، وفي هذا دليل على إسهامها في بناء الحضارة الإنسانية ووحدتها لتقرّب بين بني الإنسان فكراً وذوقاً وتجربة وخلقاً.

ولو ألقى هؤلاء نظرة إلى اللغة العربية قبل إسلام العرب وبعد إسلامهم لاعترفوا صاغرين بـ "إن هذه اللغة لينة مرنة تتسع وتتمطى عند الحاجة، فتضم إليها كل ما يراد ضمه من علم وأدب. وكانت قبل القرآن لغة تظهر عليها بساطة البداوة، ولما تبسطت العرب في الفتوح، وخالطت حمراء الأمم وصفراءها أُبدعت علوم وتُرجمت علوم" ولم تضق العربية ذرعا، ولم يتأفف عالم من علمائنا الأوائل تأفف هؤلاء العجزة التكليين، فهذا الخليل بن أحمد الفراهيدي وضع لعلم العروض والقافية مصطلحاتهما، وهناك من ترجم علما من علوم الأوائل، ذلك العلم الغريب عن العربية فاختار للمصطلحات التي تعرض له ألفاظا عربية، فإن لم يجد فزع إلى الاشتقاق، وان تعذر ذلك صار إلى التعريب. هكذا كان ديدنهم من غير عجز ولا تقصير. إن المصطلحات الخاصة بالعلوم الإسلامية والشرعية واللسانية والكلامية والكونية لو جمعت لكونت معجما علميا بمجلد أو عدة مجلدات، إن أصحاب هذا الادعاء أصبحوا -والحمدلله- أقل من القليل، ولا يقام لآرائهم وزن يذكر.

ولا بد لكل مسلم وعربي أن يعرف لهذه اللغة قدرها وأهميتها لدينه ولأمته فيعتز بها، ويرضع أولاده وكلّ من تحت مسؤوليته حبها والغيرة عليها، والوقوف في وجه كل ما يحط من شأنها، أو يهدد مستقبلها. ولا بد أن يتنادى أهل العلم والثقافة إلى الوفاء بحق الفصحى عليهم، ويجعلوا من أنفسهم المثل والقدوة فيتحدث بها المعلم والمدرس والأستاذ في معاهد

العلم المختلفة، أيا كانت المادة التي يقوم بتدريسها، ولا بد أن يهتم بها رجـال الإعـلام المسـموع والمرئي وضيوفهم، والمؤلفون في شتى الفنون كي تتبسط اللغة من غير إخلال، وحتى يكـون فهمهـا في متناول الجميع. ولنتعظ بمواقف أعدائنا على اختلاف مسمياتهم- من هذه اللغـة العربيـة- إن كرههم وحربهم لها لدليل مؤكد على أهميتها لنا ووجوب تشبثنا بها.

aA

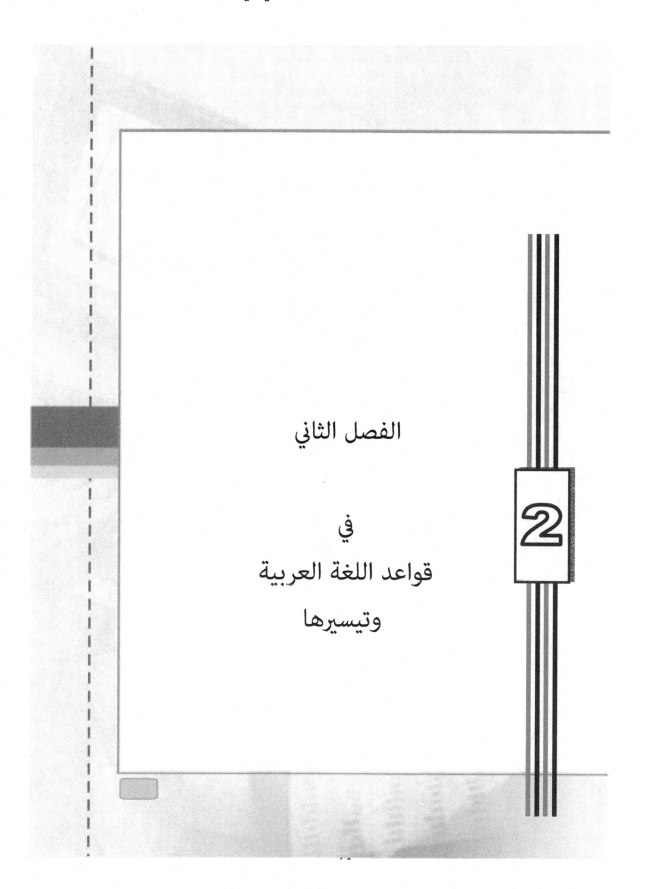

الفصل الثاني

2

في

قواعد اللغة العربية

وتيسيرها

الفصل الثاني
في قواعد اللغة
واللغة العربية وتيسيرها

مفهوم القواعد والنحو

تتكون اللغـة أساسـاً مـن الفونيمات (Phonomos) والمورفيمات (Morphemes)، ومـن الكلمات والجمل. فالفونيمات هي الأصوات المختلفـة التي تتكون منها اللغـة، فالحرف (أ) في العربية فونيم، والحرف (ب) فونيم، وهكذا. أما المورفيم فهو أصغر وحدة لغوية ذات معنى على مستوى التركيب اللغوي).

وقواعـد اللغة (Grammar) تشـمل في معناهـا الحـديث كـلا مـن علمـي: الصرف (Morphology)، والنحو (Syntax) فعلم الصرف (يعني باللفظة قبل صوغها في جملـة، أي أنـه يعني بأنواع الكلام وكيفية تصريفه). ويتضح من هذا التعريف أنه يهتم بدراسة المورفيمات، التي تتكون أساساً من الكلمات، والسوابق ومن أمثلتها حروف (أنيت) التي تتصدر ا لفعل المضارع، واللواحق ومن أمثلتها الضمائر المتصلة كمـا في (زرعـت) و (كتبت)، والـدواخل (الأحشـاء) ومـن أمثلتهـا الألـف في (قاتـل) و(ناصر)... الـخ. والصرف يبحـث في حقـلي الاشـتقاق، والتصريـف أي الزيادات التي تلحق الصيغ، ولا يمكن الفصل بين الصرف والنحو، فهو خطوة ممهدة للنحو بل هو جزء منه.

أما النحو فهو (عملية تقنين للقواعد والتعميمات التي تصف تركيب الجمـل والكلـمات وعملها في حالة الاستعمال، كما تقنن القواعد والتعميمات التي تتعلـق بضبط أواخـر الكلمات، وهو كذلك دراسة للعلاقات بين الكلمات في الجمل والعبارات فهو موجه وقائد للطرق التـي يتم التعبير بها عن الأفكار.

43

وقد عرّف علماء النحو القدماء النحو بأنه (علم يعرف به أواخر الكلمات إعرابا وبناء) ويبدو من التعريف أن هذا المفهوم للنحو مفهوم قاصر لأنه يدور حول الإعراب أي ضبط أواخر الكلمات بعد معرفة مواقعها من الجملة.

فلم يكن النحو -إذن- مقصوراً على الاهتمام بالإعراب والبناء في الكلام، ولا مجرد ضبط أواخر الكلمات فيه، فهو فضلاً عن ذلك يتسع ليشمل الاهتمام بالمعاني، ووظيفة الكلمات في إطار الجملة، والجمل في إطار العبارة.

فالنحو يبحث في التراكيب وقد يطلق عليه أحياناً (علم التراكيب)، والنحو يبحث في التراكيب من وجوه هي:

1- **الاختيار:** ويقصد به اختيار الوحدات أو المورفيمات التي تكّون التراكيب، ويجب أن يكون الاختيار اللغوي طبيعيا خالياً من الاختيار المتعمد الذي يفاضل بين الوحدات الصالحة للتعبير.

2- **الضم أو (الموقفية):** ويقصد به المعرفة الجيدة بقواعد البناء وأصوله، والإدراك الواعي بنظام ترتيب الوحدات، ووضعها في نسق صالح مقبول بحسب قواعد اللغة المعينة.

3- **التعليق أو بيان العلاقات الداخلية بين وحدات التركيب:** ويقصد به ربط الكلام بعضه ببعض ربطاً يتمشى وقواعد اللغة المعينة من جهات عدة. مثل المطابقة في العدد، أو المطابقة في التعريف والتنكير..الخ، وبصفة عامة مراعاة القواعد النحوية.

4- **الإعراب:** هو مرحلة متأخرة تلي الأمور الثلاثة السابقة، فالصحة في الاختيار والضم والتعليق تؤدى حتما إلى إعراب صحيح. إلا أن الإعراب في اللغة العربية قد طغى على كل وظائف النحو لأسباب منها: الاهتمام بفكرة العامل، وتأثيره في الكلم، أو أواخره بوجه خاص. وقد جرّ هذا في كثير من الأحيان إلى فكرة التأويل، وإخضاع المثال الواحد لأكثر من صورة إعرابية.

فالإعراب له دلالة معنوية لتمييز المعاني المختلفة، فعمل النحاة لم يكن عملاً ترفيهياً أو عشوائياً بل كان عملاً منظما وهادفاً. ولما كانت العربية لغة تنشد الإيضاح والإبانة كان

الإعراب إحدى وسائلها لتحقيق هذه الغاية إذ لا يستطاع التمييز بين النفي والتعجب والاستفهام إلا بالإعراب لأن الصيغة فيها جميعا واحدة. وهناك صيغ كثيرة تختلف معانيها باختلاف حركاتها. فالآية الكريمة: " إن اللـه بريء من المشركين ورسوله" إذا قرئت لفظة (رسوله) بكسر اللـام أدّت إلى الكفر وإذا قرئت بضمها وهو الصواب أدّت إلى استقامة المعنى. فالنحويون كـانوا يهـدفون في تقعيدهم عصمة اللسان والقلم من الخطأ، وتيسير العربية لمـن يرغـب في تعلمهـا مـن المسـلمين الأعاجم.

فالنحو والصرف يكونان مع علوم الأصوات والدلالـة (السيمانتيك)، وعلـم النفس اللغـوي جوانب علم اللغة (Linguistics) ذلك العلم الذي يهتم أساساً بدراسة اللغة دراسة علمية.

يتجلى مما تقدم الفضل الكبير للنحاة في حفظ اللغة مـن الضياع والتفكيـك ولـولا عملهـم لكانت اللغة في مهب ا لريح لا تستقر على حال. أما الذين يقللون من أهمية النحو، ويزعمون أن تقويم الألسن يأتي عن طريق التدريب والمحاكاة والمـران المتواصـل وحجتهم في ذلك أنّ خطبـاء وشعراء الجاهلية لم يعرفوا النحو، وأن اللغة سبقت النحو في النشأة فقياسهم سيكون صحيحا لـو أتيح للإنسان العربي في عصرنا الحاضر سماع اللغة الفصحى من أهلها، وتخلّص من شيوع اللحن، وانتشار اللـهجات العامية، وحفظ من الغزو الثقافي والفكـري الـذي يمارسـه الاستعمار وعملاؤه من الشعوبيين على أمتنا العربية. لذا يجب على كلّ عربي غيور أن يتشدد في تعليم القواعد، كـما أن تعليمها لا يقتصر على العربية فحسب بل أن جميع الأمم تعلم قواعد لغاتها لأبنائها.

<u>الأهداف العامة لتدريس قواعد اللغة العربية</u>

لقواعد اللغة العربية أهداف تربوية عامة كثيرة نجملها في ضوء دراسة اللغة بما يأتي:

1- تصون السنة الطلبة من الوقوع في الخطأ وتقومها من الاعوجاج أو تجعلها طلقة سليمة.

2- تنمي الـثروة اللغويـة، وتصقل الأذواق الأدبيـة مـن خـلال وقوفهم عـلى دراسـة الأمثلـة والشواهد والأساليب الجيدة، والتراكيب الصحيحة.

3- تنمي في نفوس الطلبة الدقة والملاحظة، وتربي فيهم صحة الحكم.

4- تسهل إدراك الطلبة للمعاني، والتعبير عنها بوضوح وسلامة.

5- تدرب الطلبة على التفكير المتواصل المنظم.

6- تعينهم على ترتيب المعلومات اللغوية وتنظمها في أذهانهم.

7- تساعدهم على فهم التراكيب المعقدة والغامضة.

8- تطلعهم على أوضاع اللغة وصيغها.

9- ومن خلال دراساتهم لأساليب اللغة الأجنبية تمكنهم من عقد المقارنة بين صيغ هذه القواعد، وصيغ قواعد اللغة الأجنبية.

أسباب صعوبة قواعد نحو اللغة العربية

تميز النحو العربي بمجموعة من الظواهر جعلت دراسته صعبة، وجعلت التلاميذ يرغبون عن دراسته وفهمه. ويمكن تقسيم الأسباب التي جعلت النحو صعباً على قسمين:

أ- أسباب رئيسة تتعلق بالنحو العربي نفسه.

ب- أسباب ثانوية تتعلق بكل من:

1- منهج القواعد.

2- المعلم أو المدرس والطريقة.

3- الدرجات الموزعة على فروع اللغة العربية.

4- معلمي أو مدرسي المواد الدراسية الأخرى.

(أ) الأسباب التي تتعلق بالنحو نفسه:

1- أثر المنطق والفلسفة فيه:

تأثر النحاة عند قيامهم بالدراسات النحوية بجو غلبت عليه علوم الفقه والمنطق والفلسفة، فترك هذا الجو أثراً كبيراً في تفكيرهم العلمي. والجدير بالذكر أن النحو العربي كان من آخر العلوم اللغوية تأثرا بالمنطق اليوناني، فقد سبق النحاة إلى التأثر به علماء الأدب

والبلاغة والنقد الأدبي. وحين قام الاتصال بين النحاة العرب والمنطق اليوناني بمعطياته الفلسفية وجدنا أن النحاة صمدوا في منهجهم مدة ليست بالقصيرة في مواجهة التراث الإغريقي، ولم يتمكن من تغيير تفكيرهم النحوي وأصوله العامة إلا بعد تسلله إلى كثير من الجزئيات النحوية. وقد هاجم بعض النحاة المنطق هجوما مريراً على الرغم من إخضاع أحكامهم النحوية تقعيداً وتعليلاً لأساليب المنطق مثبتين فساده منهجا للتفكير ومعياراً للبحث.

ومن أمثلة تأثر النحو بالمنطق تقسيم النحاة للكلمة. فالكلمة عندهم أما اسم، وأما فعل، وأما حرف. "على أساس أن الوجود يتألف من (ذات) وهو الاسم، ومن (حدث) وهو الفعل، ومن (واسطة) وهو الحرف أي الأداة عند الكوفيين".

وفي الواقع عندما نجعل الألفاظ (وطن) و(جميل) و(هو، هي) و(الذي، التي) و (هذا، هذه) تحت قائمة الأسماء سيكون إدراك التلميذ المبتدئ لها صعبا، ولا بد من تقسيمها تقسيما آخر كأن نجعلها أسماء وصفات وضمائر وإشارة ووصلا آخذين عند تقسيمنا للكلمة معناها ووظيفتها في الجملة. وهناك مثل آخر عند جعلهم الوزن (فعل) ميزانا لكل الأفعال الثلاثية، ولكي يكون هذا الأصل الفلسفي مطردا لجأوا إلى وضع قوانين الإبدال والإعلال والإدغام. والمثل الثالث قولهم بتوافر ركنين في الجملة هما (الفعل والفاعل) أو (المبتدأ والخبر)، وحين يواجهون نقصا في بعض الجمل كأن ينقصها أحد الركنين لجأوا إلى التقدير أو التأويل كتقدير المبتدأ في جملة (نجاح باهر)، وتقدير الخبر في جملة (لعمري لأساعدن المحتاج) وتقدير الفعل عند الإغراء (الصدق). وتقدير (إن مضمرة) بعد (حتى) و (الفاء) و(اللام) التي تنصب الأفعال المضارعة بعدها على الرغم من دخولها على الأسماء والأفعال معا. ومن أثر الفلسفة في النحو هو أن الفاعل يكون بعد الفعل لكونه بمنزلة (المعلول) و (الفعل) بمنزلة (العلة) ولا يصح أن يوجد معلول قبل علة. واستنادا إلى هذه الفلسفة قالوا: إن الفاعل ضمير مستتر تقديره (هو) في مثل (محمد جاء).

2- العامل:

والعامل هو ظاهرة أخرى في النحو العربي نفّرت كثيرا من الدارسين منه وعقدته. إذ بالغ النحاة في نظرية العامل، فألفوا كتبا تجمع قواعد النحو بعنوان العامل، فهذه الفلسفة أثرت كثيراً في التفكير النحوي.

وفلسفة العامل هي أن الكلمة لا ترفع ولا تنصب ولا تجر إلا بعامل. والعامل عند النحاة نوعان: إما لفظي منطوق كالفعل ومشتقاته والاسم والحرف. وإما معنوي كالابتداء والتجرد وغيرهما. فنجد المعلم عند تدريس النحو للتلاميذ يقول لهم (يقرأ) فعل مضارع مرفوع وعلامة رفعه الضمة الظاهرة على آخره لتجرده عن الناصب والجازم. فالعامل هنا التجرد.

وقد رأى بعض المفكرين العرب أنّ العامل قضية متسهلة، وهي من ابتكار خيال النحاة، وذهب ابن مضاء القرطبي إلى إلغاء العامل، وكان يقول عن (إن) "لا إرادة لها ولا طبع، ينصب المبتدأ بعدها لأن العرب الفصحاء قالوا: (إن زيداً رجل كريم) ولذلك ينبغي لنا أن نتعلم هذه الأساليب الفصيحة دون تعليل وتأويل وتقدير".

3- التعليل:

التعليل ظاهرة نحوية ظهرت بظهور الدرس النحوي فقد قيل أن العرب لم يصرحوا بالعلل الخاصة بكلامهم، وبقيت قائمة في عقولهم. ولا صحة لهذا القول، فالعرب كانوا مجرد أناس يتكلمون فلم يكونوا نحاة ولا فلاسفة حتى أن بعض الأعراب القدماء قد استغربوا العلل التي كانت تدور في الدرس النحو. وقسم الزجاجي العلل على ثلاثة أنواع: علل تعليمية، وعلل قياسية، وعلل جدلية نظرية. (ودعا ابن مضاء من قبل إلى إلغاء هذه الظاهرة لأن اللغة تنقل ولا تمنطق، وتروى ولا تفسر بعمل عقلي).

وقد سميت العلل الثلاث بالعلل الأوائل والثواني والثوالث. ومن أمثلة التعليل جملة (قام زيد) فسؤالهم لم رفع زيد؟ فتكون الإجابة لأنه فاعل وكل فاعل مرفوع فهذه علة تعليمية، وسؤالهم لم رفع الفاعل؟ فالإجابة تكون للفرق بيئة وبين المفعول به، وهذه علة قياسية، وسؤالهم لم تقدم الفعل على الفاعل؟ وهل يتقدم الفاعل على الفعل؟ فالإجابة تكون (الفعل) بمنزلة العلة، والفاعل بمنزلة (المعلول) ولا يصح أن يوجد معلول قبل علة، وهذه نظرية جدلية.

4- اضطراب القواعد

يتمكن دارسو القواعد من تمثلها واستعمالها وتطبيقها إذا كانت عكس ذلك أي مضطربة فإنها ستفقد أهم خصائصها وهو الضبط الجامع. ويقلّ أن نجد قاعدة من قواعد

النحو العربي تتصف بالاطراد والتعميم، وتكون سالمة من استثناء ينقضها ويلغي حكمها. فالاضطراب أو التناقض أو الاستثناء صفة تلازم الكثير من قواعد النحو العربي وضوابطه، ويصدق هذا حتى على بعض المسائل السهلة في النحو كرفع الفاعل ونصب المفعول. ويرجع الاضطراب في القاعدة إلى أمرين: أولهما عدم الفصل بين الشعر والنثر في تقعيد القواعد، فقد بنيت القاعدة على بيت أو على شطر بيت، ولم يأخذ النحاة في الحسبان أن الشاعر لا يملك من الحرية في مجال التعبير ما يملكه الناثر، ويجيز أن يستعمل من الصيغ والتراكيب ما يخرج عن القاعدة، وعن الواقع اللغوي. وقد فطن ابن جني إلى هذه الحقيقة فقال: "إن الاضطراب يجعل الشاعر ينطق بما لم يرد به سماع" فالنحاة أخذوا يخرّجون ويخلقون لقائليها المعاذير بعد أن جعلوها أساساً لكثير من القواعد التي تتناقض وما قرروه. وكان من الأولى إخراج تلك الشواهد الشعرية من دائرة درهم النحوي.

والأمر الثاني في اضطراب القاعدة هو جمع اللغة عن أزمنة متباعدة وقبائل مختلفة، فقد أقحم النحاة اللهجات العربية القديمة بصفاتها وخصائصها المتباينة حين قعدوا قواعدهم، ونظروا إليها على أنها صور مختلفة من اللغة المشتركة مما أدى إلى اختلاف الأقوال في المسألة الواحدة، والذي انعكس على اضطراب القاعدة.

ولا بد من وضع المتعلم أمام قواعد ثابتة لا يشوبها استثناء، ولا يلغي أحكامها تجويز، وهذا ما دعا إليه بعض المربين لتخليص كتب النحو المدرسي من ظاهرة اضطراب القواعد النحوية.

(ب) الأسباب الثانوية في صعوبة قواعد نحو اللغة العربية:

1- المنهج المدرسي

إن النحو لا تستوي له في المناهج المدرسية ماهية منسجمة محددة، فموضوعاته في أبواب الفاعل والمفعول به والحال والتمييز تمثل ركاما مختلطا تائها لدى الطلبة، ويظهر ذلك من خلال نظرة عابرة إلى منهاج النحو في أحد الصفوف المدرسية. فالمناهج الموضوعة لا تخضع للاطراد والثبوت المحكم، ولا تستند إلى مبدأ وظيفي في تصنيف القواعد وفقا لقيمتها العلمية ونسبة شيوعها. وهي لا تنبثق من نظرية معروفة في التبويب.

49

فكتب النحو الموضوعة لم تستوف الشروط التربوية والسيكولوجية (النفسية) التي دعا إليها علماء التربية وعلم النفس.

2- المعلم أو المدرس وطريقة التدريس

إن سهولة قواعد اللغة وصعوبتها لا تكمن في القواعد نفسها، وإنما تعتمد أيضاً على طريقة التدريس، ومقدرة المدرس أو المعلم. فالمعلم الناجح هو الذي يستطيع أن يجعل النحو مادة حية مألوفة في عالم الطالب، وهذا عمل صعب جداً يقتضي شخصية خاصة تجمع إلى غزارة المادة، وهضمها وطرائق تقديمها المرانة واللباقة. فدرجة مهارة المعلم هي التي تحدد مدى فهم التلاميذ لقواعد اللغة، وإقبالهم عليها أو نفورهم منها.

3- الدرجات الموزعة على فروع اللغة العربية

يهمل كثير من التلاميذ دراسة النحو معتمدين على درجات الفروع الأخرى كالأدب والمطالعة والنصوص والإملاء والتعبير. وتلك الفروع توفر لهم النجاح في اللغة العربية سواء أكان في الامتحان المدرسي أم في الامتحانات العامة، مما دفع أعضاء المؤتمر التاسع لاتحاد المعلمين العرب المنعقد في الخرطوم من 21-23 شباط عام 1976م إلى تقسيم درجة اللغة العربية بين آداب اللغة العربية (القراءة والتعبير والنصوص) وعلوم اللغة العربية (البلاغة والنحو) بحيث يكون لكل قسم درجة نجاح ورسوب، وقد اتخذ هذا الإجراء معالجة لدفع التلاميذ إلى دراسة النحو والاهتمام له كاهتمامهم بالفروع الأخرى.

وفي الواقع أن هذا الإجراء لا أثر له في معظم الدول العربية إذا أصبح في مهب الريح.

4- مدرسو أو معلمو المواد الدراسية الأخرى:

إن ما يبنيه معلمو اللغة العربية ومدرسوها من اهتمام للغة الفصحى، وغرسه في نفوس التلاميذ وتدريبهم عليه، نجد أن مدرسي أو معلمي المواد الدراسية الأخرى يقومون بالمقابل بهدم ذلك الاهتمام، فهم يتكلمون بالعامية ولا يحاسبون تلاميذهم أثناء التعبير أو الكتابة على اللحن. ولا شك في أن مبدأ التعزيز في التعليم من المبادئ المهمة التي تؤدي إلى نتائج طيبة ومرضية.

محاولات تيسير النحو

إن صعوبة النحو لا تكمن في قواعد اللغة العربية وحدها، إذ إن هناك أسباباً رئيسة تتعلق بالنحو العربي نفسه، وأن هناك أسبابا ثانوية تتعلق بمنهج القواعد، والمعلم أو المدرس، وبالطريقة التدريسية، وبالدرجة المحددة لفروع اللغة العربية، ومعلمي أو مدرسي المواد الدراسية الأخرى.

إن هذه الصعوبة أدت إلى ظهور دعوات مخلصة وغير مخلصة لإصلاح النحو العربي على طول تاريخه. فالمخلصون قاموا بمحاولات لتأليف النحو تأليفا تعليمياً سهلاً يطرح الخلافات، ويتخلص من الجوانب غير العملية. وسوف نتناول في الصفحات القادمة محاولات تيسير قواعد نحو اللغة العربية.

وجدت بذور محاولات تيسير قواعد نحو اللغة العربية منذ القديم، وظهر لها صدى في عصرنا الحاضر أي في القرن العشرين. وسيعرض الباحث المحاولات التي جرت في المشرق العربي ومغربه منذ القديم، وكذلك المحاولات الحديثة في البلاد العربية كما يأتي:

1- محاولات الإصلاح في المشرق العربي ومغربه قديما

إنّ أول من دعا إلى إصلاح النحو في المشرق العربي هو خلف بن حيان البصري في رسالته التي أسماها (مقدمة في النحو) إذ نقد النحويين لكثرة استعمالهم العلل النحوية، وتطويلهم الـذي زاد على حده في المسائل النحوية. وكان يهدف من رسالته إصلاح لسان مـن يقرأ شعرا، وتقويم لسان وقلم من يكتب رسالة أو يضع كتابا.

ولأبي عثمان عمرو بن بحر الجاحظ رأي في منهج النحو يتفق هو وما يذهب إليه ابن حيان البصري، إذ قال في إحدى رسائله: "وأما النحو فلا تشغل قلب الصبي به إلا بقـدر ما يؤديه إلى السلامة من فاحش اللحن، ومن مقدار جهل العوامل في كتاب إن كتبه، وشعر إن أنشده، وشيء إن وصفه. وما زاد على ذلك فهو مشغله له عما هو أولى بـه مـن روايـة المثل السـائر، والخـبر الصادق، والتعبير البارع... وعويص النحو لا يجدى في المعاملات، ولا يضطر إليه في شيء".

وفي المغرب العربي دعا إلى الإصلاح النحوي ابن مضاء القرطبي (ت592هـ) وكانت محاولته في كتابه المشهور بـ (الرد على النحاة). وكان القرطبي ظاهري المذهب متأثراً بمذهب ابن حزم (ت456هـ) الذي يرفض القياس طريقاً إلى استخلاص الأحكام الفقهية. فالقرطبي كان نحوياً وفقيها مجتهدا. فقد هاجم نظرية العامل وما تولّد عنها. وهاجم العلل الثواني والثوالث والقياس والتمارين غير العملية. وقد ناقش تلك الأمور بطريقة فلسفية، واستعان بحجج منطقية، ودينية إلى جانب الاحتجاج اللغوي.

وإذا قال النحاة إن الإعراب هو "ماجيء به لبيان مقتضى العامل" نجد ابن مضاء يرفض هذا الرأي ويرد عليهم قائلاً "وأما القول بأن الألفاظ يحدث بعضها بعضا فباطل عقلا وشرعا، لا يقول به أحد من العقلاء..." وإذا قال النحاة إن ذلك العمل للمعنى لا للفظ ردّ عليهم بأنّ "الفاعل عند القائلين به إما أن يفعل بإرادة كالحيوان، وأما أن يفعل بالطبع كما تحرق النار ويبرد الماء، ولا فاعل إلا الله عند أهل الحق... وأما العوامل النحوية فلم يقل بعملها عاقل لا ألفاظها ولا معانيها، لأنها لا تفعل بإرادة ولا بطبع".

2- محاولات إصلاح قواعد نحو اللغة العربية في العصر الحديث

لم يتعرض أي فرع أو أي جانب من جوانب اللغة لأصابع الاتهام والنقد كما تعرض النحو أو علم قواعد اللغة العربية، فقد وصف بالصعوبة والجفاف، وإنه السبب الرئيس في فشل تعليم العربية وتعلمها في الوطن العربي. وهذا الوصف يحمل حقا وباطلاً على نحو لغتنا الجميلة، لذا انقسم الدارسون في العصر الحديث كما قلنا سابقاً على فريقين: فريق مخلص يعز عليه صعوبة قواعد اللغة العربية إذ لا يتمكن من فهمها إلا نفر ضئيل فيريد هذا الفريق أن يعرفها ويستخدمها أكبر عدد ممكن من أبناء العروبة.

وفريق حاقد يريد أن يمدّ يد التغيير والتبديل كي تفقد هذه اللغة بريقها وجمالها وعذوبتها. ومهما عمل الفريق الثاني فلن يستطيع النيل من لغة العروبة، لغة القرآن الكريم، والبيان والبلاغة والإعجاز. فهي أسمى من قول الحاقدين من الشعوبيين أو فعلهم.

ويمكن تقسيم هذه المحاولات في العصر الحديث على ثلاثة مستويات أو أطوار:

الأول: المحاولات الجزئية التي لم تتسع نظرتها لتشمل النحو كلّه.

الثاني: المحاولات الشاملة ذات الطابع المحافظ.

الثالث: المحاولات الشاملة ذات الطابع التجديدي.

الطور الأول: بدأت محاولات هذا الطور مع بداية القرن العشرين عندما وصفت قواعد اللغة العربية بالصعوبة والجفاف، وأنها السبب الأول في فشل تعلم وتعليم اللغة العربية.

وجاء حديث الصعوبة من جانب الغيارى على العربية الذين يبغون الإصلاح والتسهيل لقواعد اللغة وفاء للغة العربية، ووفاء لأبناء هذه الأمة من أمثال علي مبارك، ورفاعه الطهطاوي، وعبدالله فكري، ومحمد عبده.

وجاء حديث الصعوبة أيضاً من جانب بعض الأجانب ومن شايعهم من المصريين الذين اتصفت كتاباتهم ومواقفهم بالتعصب والعمل ضد اللغة العربية من أمثال جرجس الخوري المقدسي، وقاسم أمين، وسلامة موسى إذ دعوا إلى التخلص من الإعراب، والحركات الإعرابية، وأن تجعل الكلمات العربية كلها مبنية الأواخر، واتهموا الأعراب بأنه مصدر لكل ما يقع من لحن في قراءة العربية متذرعين بعدم وجود الإعراب في بعض اللغات الأوربية. وقد دعا سلامة موسى إلى العامية إذ هي في رأيه تفضل اللغة الفصحى وتؤدى الأغراض الأدبية.

إن دعوتهم لم تمكن خالصة لوجه الإصلاح أو التيسير بل إنها دعوة للقضاء على اللغة الفصحى، وعلى جرسها الموسيقي، كما أنها دعوة ضالة تتناول أخص خصائص اللغة بالنقص والإلغاء، إنها دعوة قد سفهت من علماء اللغة الغيارى الذين قالوا بعدم وجود وجه للمقارنة بين العربية واللغات الأخرى في هذا الأمر.

أما الطور الثاني: فقد تضمن مجموعة من محاولات إصلاح النحو اتصفت بالتكامل والشمول مما جعلها ضربا متميزا في الإصلاح النحوي. ومن سمات محاولات هذا الطور:

1- ارتكازها على أساس نظري ووجهة نظر محددة تقريباً، وفي هذا الإطار تأتي وتتلون خطة الإصلاح وما تضمه من مقترحات. وأصحاب تلك المحاولات هم من أستاذة الجامعات المشتغلين بالدرس الأكاديمي. وهذه الصفة تميز محاولات هذا الطور عن المحاولات الجزئية السابقة.

2- غلبة طابع المحافظة عليها أي قبول النحو التقليدي في جملته ثم أجرت فيه بخفة أو بقوة يد التعديل والتبديل ولتحقق ما ترمي إليه من إصلاح وتيسير مع البقاء في حدود الإطار العام للنحو. فهذه المحاولات لم ترتكز ارتكازاً مباشراً على نظريات ومناهج الدرس اللغوي الحديث. وهذا يجعل الفرق واضحاً بينها وبين محاولات الطور التالي له.

ومن هذه المحاولات محاولة إبراهيم مصطفى في كتابه (إحياء النحو) 1937م وهو أول كتاب نقد نظريات النحو التقليدية في العالم العربي وفي العصر الحديث. وقد حمل الكتاب دعاوى عريضة حول إصلاح النحو وتيسيره، وغالى في نقد النحاة وتخطئتهم.

ومع هذا لا تتجاوز دعوة هذا الطريق حدود التفسير لظواهر النحو واللغة فإبراهيم مصطفى يقول "إن حركات الإعراب إعلام على معان خاصة، ودوال على وظائف الكلمات في الجملة. فالضمة علم (الإسناد)، وينطوي تحت باب الإسناد كل من: المبتدأ والخبر والفاعل ونائب الفاعل. والكسرة علم (الإضافة) بنوعيها المعروفين: إضافة الحرف إلى ما بعده، وإضافة الكلمة إلى ما بعدها، وأما الفتحة فهي الحركة الحقيقية المستحبة عند العرب التي يلجؤون إليها، إذا لم يقع الاسم أحد الموقعين السابقين".

وقد قدم لهذا الكتاب الدكتور طه حسين قائلاً فيه: "وأنا أتصور إحياء النحو على وجهين: أحدهما أن يقربه النحويون من العقل الحديث ليفهمه ويسيغه ويتمثل، ويجري عليه تفكيره إذا فكر، ولسانه إذا تكلم، وقلمه إذا كتب. والآخر أن تشيع فيه هذه القوة التي تحبب إلى النفوس درسه ومناقشة مسائله، والجدال في أصوله وفروعه، وتضطر الناس إلى أن يعنوا به بعد أن أهملوه، ويخوضوا فيه بعد أن أعرضوا عنه".

وقد تعرض هذا الكتاب للنقد من الباحثين لما أحدثه هذا الكتاب من ضجة واسعة.

وهناك محاولة لجنة وزارة المعارف سنة 1938 التي شكلت للنظر في تيسير قواعد النحو والصرف والبلاغة. وقد وجدت اللجنة أن أهم ما يعسر النحو ثلاثة أشياء هي:

أ- الفلسفة التي حملت النحويين على الإسراف في الافتراض والتعليل.

ب- الإسراف في المصطلحات والقواعد.

ج- الإمعان في التعمق العلمي الذي أدى إلى التباعد بين الأدب والنحو.

وهناك محاولة يعقوب عبد النبي في كتابه (النحو الجديد) الذي تألف من قسمين: قسم نظري ضمنه آراءه ومقترحاته لإصلاح النحو مدعومة بالأدلة العقلية واللغوية، وقسم تطبيقي قدم فيه المؤلف قواعد النحو في منهج أشبه بمناهج الكتب المدرسية في ضوء الآراء والمبادئ التي آمن بها وسيلة للإصلاح.

أما محاولة الأستاذ أمين الخولي في كتابه (هذا النحو) فقد اعتمدت منهج الإصلاح الفقهي دليلاً إلى إصلاح نحوي نظراً لما بين النحو والفقه من تقارب في بعض الأصول، وفي أسلوب الدراسة "والنحاة منذ أول الدهر قد ربطوا أصولهم بأصول الفقه، بل حملوها عليه".

وهناك محاولة الدكتور شوقي ضيف عند تحقيقه كتاب (الرد على النحاة لابن مضاء القرطبي (ت592هـ) إذ حققه ونشره سنة 1947م)، وقامت محاولته على أساس الاستفادة من إلغاء نظرية العامل وما تولد عنها من تأويل وتقديم. وهذا ما دعا إليه ابن مضاء القرطبي فضلاً عما استمده شوقي ضيف من مبادئ الدرس اللغوي الحديث. إذ قال "وإن من المعروف أن واجب النحوي أن يسجل ما وجد في اللغة فعلا من صيغ وعبارات، لا أن يفترض هو صيغا وأحوالا للعبارات لم ترد في اللغة".

وتعد محاولة عبد المتعال الصعيدي أجرأ محاولة في هذا الطور ومن أحفلها بالمثير من الاقتراحات، وهذا ما تمّ له في كتابه (النحو الجديد) الذي أفاد فيه من التجارب والمحاولات التي تقدمته. (وإن كان هو يعد إن ما جاء به قد أصاب الغاية التي قصّر دونها سابقون، وأنه

إذا قورن بنحو سيبويه يبدو أوضح منه منهجا، وأقرب إلى إصابة الأغراض النحوية الصحيحة).

أما الطور الثالث فقد ظهر منذ أقل من ربع قرن تقريبا على يد جماعة من الرواد الذين تلقوا الدرس اللغوي الحديث في أوربا. وفي مقدمتهم الأساتذة: الدكتور إبراهيم أنيس، والدكتور تمام حسّان، والدكتور عبدالرحمن أيوب، والدكتور محمود السعران، والدكتور كمال بشر وغيرهم. وكان هذا الطور معتمدا بصورة مباشرة على نظريات ومناهج علم اللغة وصفا موضوعيا، ولكن هذه المحاولات لم تكن غايتها أبدا علاج الصعوبات كما هو الحال في المحاولات السابقة.

أما في المجال التطبيقي لتلك المناهج والنظريات فكل ما تمّ فيه لا يعدو كونه محاولات تجريبية. وتعد المحاولتان اللتان قام بهما الدكتور تمام حسان في كتابه (اللغة العربية معناها ومبناها)، والدكتور ولسن بشاي حول (النحو العربي في ضوء الأبحاث اللغوية الحديثة) أحدث ما تمّ في هذا الميدان في هذا الطور.

ويرى الدكتور نايف محمود معروف أن المدرسة الوصفية ليس حديثة العهد كما يظن بعض الباحثين، ولا يعود الفضل في تأسيسها إلى الذين تلقوا الدرس اللغوي الحديث في أوربا (وإنما يرجع تاريخها إلى ابن جني الذي قال: "العامل الذي هو سبب الإعراب هو الإنسان نفسه، ولا أثر لكلمة في كلمة أخرى". ثم جاء بعده ابن مضاء القرطبي الذي دحض نظرية العامل في كتابه الرد على النحاة الذي قال: لو أن العرب قالوا: "إن (زيد) أو (زيدٍ) لكُنا قبلنا هذا الإعراب" واستشهد بقول الدكتور أنيس فريحة في هذا المجال إذ قال: "إن أستاذه " لي" في جامعة لندن كان يقول بقول علماء الغرب إلى أن أراه بالبرهان أن العرب أسبق في الفضل في هذا النوع، وأن مؤسس المدرسة الوصفية الحديثة يجب أن يكونا ابن جني وابن مضاء القرطبي").

وفي الواقع أن محاولات التيسير لم تجر على المحتوى أو مضمون المادة فقط، وإنما جرت محاولات لإصلاح الكتاب النحوي المدرسي على جميع المستويات الدراسية. ففي المرحلة الابتدائية جرت محاولات إصلاح كتب تعليم اللغة العربية في عهد الخديوي إسماعيل عام

(1863-1879) إذ قام علي باشا مبارك (1824-1893) بوضع كتاب مدرسي بعنوان (التمرين)، ثم تبعه رفاعة الطهطاوي الذي أخرج سنة 1868م كتابه (التحفة المكتبية لتقريب اللغة العربية)، وانحصر جهده التجديدي في دائرة التناول والعرض لا يتعداه إلى المادة أو المضمون لذا نراه قد التزم بمنهج النحو التقليدي استجابة لروح العصر التي لم تكن تسمح بشيء من التغيير أو التجديد. ثم تبعه آخرون من أمثال الشيخ أحمد بن محمد المرصفي، وعبدالله باشا فكري، وغيرهم ممن وجهوا عنايتهم إلى المرحلة الابتدائية والأولية.

وجاءت محاولة علي الجارم ومصطفى أمين في (النحو الواضح) ذات مستويين: المستوى الابتدائي، والمستوى الثانوي، ويتألف كل مستوى من ثلاثة أجزاء، وهذه تمثل خطوة كبيرة إلى الأمام في مجال إصلاح الكتاب النحوي للغة العربية خلال أوائل الربع الثاني من القرن العشرين.

وتبعت علي الجارم محاولات كثيرة من بينها محاولة الأستاذ عبدالعليم إبراهيم في (النحو الوظيفي). وهذه المحاولة جاءت وسطا بين مستوى الثانوية والجامعة. وينقسم هذا الكتاب على ثلاثة أقسام: المعربات والمبنيات، وما له أكثر من وجه، ولم يمس المادة التقليدية بجوهرها إذ رأى أن مادة النحو ذاتها لا أثر لها في خلق أزمة النحو العربي. وهو كتاب عملي أو فهرس موضوعي مفصل يلبي الحاجة السريعة لطلبة المرحلة الثانوية، وطلبة الجامعة في أول الطريق.

ومن بين المحاولات في المرحلة الجامعية محاولة الأستاذ عباس حسن في (النحو الوافي) بأجزائه الأربعة، وقصد المؤلف منه أن يكون موسوعة نحوية تجمع مسائل هذا العلم وشوارده، وتقدمها بأسلوب عصري سهل وثيق الصلة بالحياة اللغوية المتجددة. وقدمه على مستويين: الأول موجز لطلبة الجامعات، والثاني مفصل للأساتذة والمتخصصين، ومادته ما نراه في الكتب القديمة. ولهذا الكتاب ميزة علمية كبرى لدى المتخصصين.

وهناك محاولة أخرى على مستوى الجامعة وهي محاولة الدكتور محمد عيد في كتابه (النحو المصفى) الذي هدف منه إلى تصفية ما لا فائدة فيه، ولا ضرر في تركه، كالمجالات الذهنية، وفلسفات العوامل والخلاف حولها والتعليلات والمسائل المقحمة. ويتميز بسهولة

عرضه وعصريته مع استخدام الأمثلة الحية ذات المضمون الجيـد فضـلاً عـن العنايـة بالتـدريبات والتطبيقات.

إن محاولة الإصلاح النحوي من حيث المادة والكتاب عـلى الـرغم مـن عنايـة المعنيـين بـأمر اللغة بها، وكتابتهم الكتب الكثيرة فيها، واتخاذهم القرارات بشأنها لم تنته إلى أمـر اكتسـب صـفة الرضا والقبول من غالب المعنيين بشؤون اللغة أو القوامين على تدريس النحو.

يبدو مما تقدم أن محاولات التيسير والتبسيط التي طرأت على النحو العربي كانت منصبه على محتـوى النحـو العربي مـن حيـث التقـديم والتـأخير والحـذف وإعـادة تنظيم الموضـوعات النحوية، وكذلك كانت منصبة عـلى محتويـات الكتـاب المـدرسي، وإعـادة توزيـع المفـردات عـلى مناهج المراحل الدراسية المختلفة وكتبها. لذا لم تشمل جهود التيسير طريقة تدريس النحو العربي أو تعليمه. وهذا يتفق وما ذهب إليه المرحوم الدكتور أحمد عبدالستار الجوارى في كتابـه "نحـو التيسير" إذ قال: "ليس التيسير تبسيطا أو اختصاراً فحسب بل لا بـد أن يتسـع موضـوع التيسـير حتى يشتمل على تغيير في دراسة العربية بالنسبة للمتخصصين، تغييراً يصل بـين علومهـا وينتهـي إلى فهم واع عميق وتذوق صحيح سليم.

aA

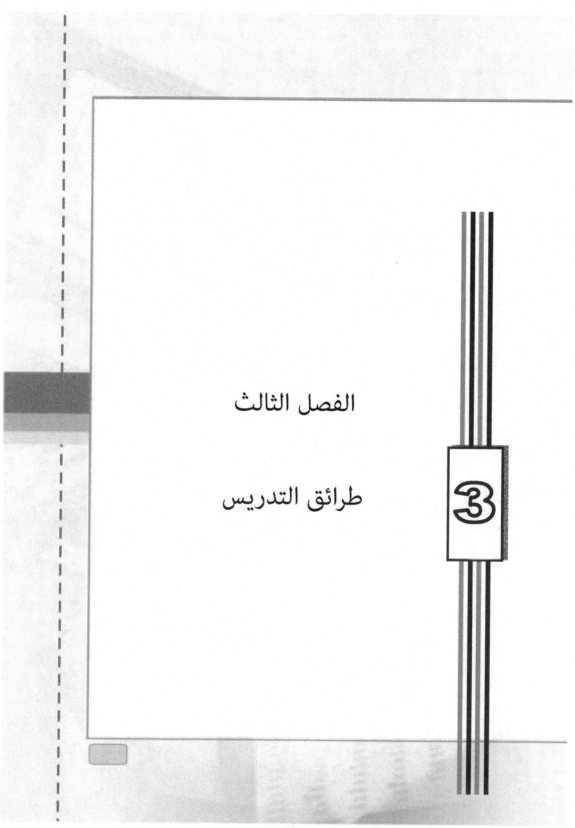

الفصل الثالث

طرائق التدريس

3

الفصل الثالث

طرائق التدريس

نشوء طرائق التدريس وتطورها

يذكر تاريخ التربية منذ أقدم العصور أن المحاكاة أو المحاولة أو الملاحظة هـي أول طريقة استخدمها الإنسان البدائي في عمليـة الـتعلم والتعليم، فكان أفراد الأسرة يتعلمون بصـورة غـير مباشرة مهنة أبيهم، وبها يعلم معلم الحرفة تلاميذه. فالطريقة بدأت سطحية بسيطة ثم أخـذت تتطور شيئاً فشيئاً إذ كانت مقتصرة على المجال المادي (العملي)، ثم امتدت إلى المجـال العقلي. وعرفت الطريقة عند قدماء المصريين في تعليم الحساب فاعتمدوا على المشـوقات الحسـية فيها، كما عرفت عند سقراط وأفلاطون وأرسطو.

وعندما ظهرت المدارس وتنوعت اتجاهاتها، وصار التعلـيم تدريسـا لـه مدرسـوه ومعاهـده تطورت الطريقة معه إلا أنها لم تخرج كثيرا عن دائرة التلقين والإلقاء والمناقشـة والحـوار. ففـي منتصف القرن السادس الميلادي اعتمدت التربيـة الكنسية علـى الأسـلوب الروحـي التـأثيري، أمـا التربية الإسلامية التي ظهرت في ظلام العصور الوسطى فلم تعتمد الأسلوب الروحي فقط بـل اعتمدت كل النشاطات والقوى الخاصة بالمتعلم. وقد وضّح القرطبي ذلك بقولـه: "اطلـب العلـم فإنه عون للدين، وملك للقريحة، وصاحب لدى الوحدة ومفيد في المجالس، وجالب للمال".

وللمربين المسلمين آراء أخرى كثيرة في الطريقة التعليمية، من ذلك مـا دعـا إليـه الغـزالي من: "أن يقتصر بالمتعلم على قدر فهمه فلا يلقي إليه المعلم ما لا يبلغه عقلـه فينفـره، وألا يلقي إليه إلا الجلي اللائق به، ولا يذكر له أنّ من وراء هذا تـدقيقا وهـو يـدخره عنـه، فـإن ذلك يفتر رغبته في الجلي، ويشوش عليه قلبه" فالعرب استخدموا الكرات الصناعية في تعلـيم

كروية الأرض، في حين كانت الكنائس في روما والقسطنطينية ما تزال تحمل الناس على الاعتقاد بثبات الأرض وانبساطها.

وبعد مرور القرون الوسطى ودخول أوربا عصر النهضة وما بعدها ظهرت عدة نظريات أخذت تتبلور في طرائق واضحة المعالم منها: طريقة التربية الطبيعية لروسو، وطريقة استخدام الحواس للمربي السويسري بستالوتزى، وطريقة الملاحظة والمحاولة واللعب للمربي الألماني الذي تنسب إليه رياض الطفل فرويل. وطريقة هربارت الألماني ذات الخطوات الخمس. وطريقة حل المشكلات للفيلسوف والمربي الأمريكي جون ديوي، وطريقة المشروع، وطريقة الوحدات. وبهذه المحاولات المتتابعة والبحوث والتطبيقات العلمية أصبح التدريس في القرن العشرين علماً قائماً بذاته، مرتكزاً على نتائج دراسات وأبحاث علم النفس، والتربية، والمناهج، والاجتماع، والإشراف، والإدارة، ووسائل وتقنيات التعليم، كما أصبحت طرائق التدريس علما متميزاً قائماً على استخدام الأساليب النفسية والتربوية، وعلى نتائج دراسات وأبحاث مادة أصول التدريس نفسها للوصول بالمتعلم إلى أفضل النتائج مع اختصار الزمن والجهد إلى أقل حد ممكن.

طرائق تدريس اللغة العربية وتطورها

أما طرائق تدريس اللغة العربية فنجد أن تاريخ التربية يذكر أن تعليم اللغات هو من أول المواد التي اهتم بها المربون وأولوها عنايتهم وبخاصة القراءة والكتابة. فاستعراض اللغة العربية وطرائق تدريسها يوضح أن الطفل في البادية قبل الإسلام كان يتعلم اللغة العربية عن طريق المشافهة والسماع والمحاكاة. فنرى الطفل يحفظ الشعر والحكمة والمثل السائر في الأسواق التجارية وبخاصة سوق عكاظ، ولم يكن يعرف شيئا عن القراءة والكتابة. أما في الحضر فكان التعليم عندهم إفراديا إذ يخصص المعلم لكل تلميذ من تلاميذه جزءاً من وقته، وكانت طريقتهم في التدريس قائمة على التقليد والحفظ، ففي تعليم الخط يكتب المعلم نماذج على ألواح طينية طرية، ثم يجففها ويقدمها لتلاميذه لمحاكاتها في ألواحهم. وقد عثر الباحثون والمنقبون في الآثار على مجموعة من تلك الألواح في أنقاض أماكنهم.

وفي عصر صدر الإسلام الذي شجع على طلب العلم الذي أكده الرسول محمد ﷺ بقولـه: "طلب العلم فريضة على كل مسلم ومسلمة" نجد أن الطفل كان يعلّم القـراءة والكتابة وشيئا من القرآن الكريم، والحساب، والشعر العربي تحـت خيمـة أو شجرة أو في مسجد أو في منزل وبطريقة تلقينية.

أما في العصر الأموي فقد اتسع عدد المدارس إلا أنها في العصر العباسي انتشرت انتشاراً كبيراً، وتعددت أنواعها ما بين الكتاتيب والمدارس الثانوية والعالية. وكانت طريقة التـدريس قائمة علـى الإلقاء والمناقشة.

وللمربين المسلمين آراء كثيرة تتصل بطرائق تدريس اللغة العربية. فقد كتب عتبة بـن أبي سفيان إلى عبدالصمد مـؤدب ولـده قائلاً: "روّهم مـن الشعر أعفه ومـن الحديث أشرفه، ولا تخرجهم من علم إلى غيره حتى يحكموه، فإنّ ازدحام الكلام في السمع مضلة للفهـم... وكـن لهـم كالطبيب الذي لا يعجل بالدواء حتى يعرف الداء".

ودعا ابن سينا إلى رعاية النمو الجسمي والعقلي للطفـل كي يكون مستعداً لـتعلم القـراءة والكتابة فقد قال: "فإذا اشتدت مفاصل الصبي واستوى لسانه وتهيأ للتلقين، ووعـى سمعه أخذ يتعلم القرآن وصوّرت له حروف الهجاء".

وقد انتقد ابن خلدون معلمي عصره انتقاداً مرا في عدم رعايتهم للنضج العقلي والجسمي واللغوي للأطفال، كما طالبهم بالتدرج في التعليم إذ قال: "اعلم أن تلقين العلـوم للمتعلمين إنمـا يكون مفيداً إذا كان علـى التدريج شـيئاً فشـيئاً...فإن قبـول العلم والاستعدادات لفهمه تنشأ تدريجياً".

ومع كثرة المدارس. وتنوعها في البلاد العربية، كانت التربية اللغوية نتيجة جهود أفراد من المعلمين. فالمتعلم هو الذي يختار شيخه، أو يذهب إلى معهد معين لوجود الشيخ الذي يرغب في الدراسة عليه. وقد يختار الشيخ أحياناً تلاميذه. فالشيخ هو المعلم والطريقـة والمنهج، وهو الذي يمنح الإجازة بالتدريس. وظل هذا النظام التربوي قائماً حتى مطلع

العصر الحديث إذ انتشرت المدارس النظامية وسادت طريقة المتن والحاشية والشرح والجدل والمناقشة.

وقد استفادت طرائق تدريس اللغة العربية كسائر العلوم الأخرى من النهضة العلمية، والاتصال بالغرب من خلال البعثات والأساتذة والتجارب والبحوث والتطبيقات العلمية. وبذلك أصبحت علما له خصائصه وسماته ومقوماته من علوم النفس والتربية والمناهج واللغة، لتعمل على تنمية مهارات الأداء اللغوي للمعلمين، والوصول بالنشاط اللغوي للمتعلمين إلى مستواه المنشود في فنون الاستماع والقراءة والكتابة والحديث.

علاقة طرائق التدريس بفلسفة التربية وأهدافها

إن المقصود بالفلسفة هي طريقة الحياة التي يختارها الإنسان لنفسه، والقيم والمثل التي يؤمن بها نتيجة دراسته لقيم الحياة المتضاربة من أجل أن يعيش على أفضل وجه ممكن. "فهدف الفلسفة هو التوصل إلى فهم أفضل لمفهوم الحياة، والتمكن من تكوين المثل الشاملة لها. وقد نشأ من تنوع أساليب الحياة بين الناس فلسفات متنوعة".

وهناك علاقة متينة بين الفلسفة والتربية فهما وجهان لشيء واحد، فالوجه الأول، مثل فلسفة الحياة النظرية بما فيها من مثل، أما الوجه الثاني فيمثل طريقة تنفيذ تلك الفلسفة، أي الأداة العملية المرسومة المحققة لتلك المثل وتطبيقها.

ويؤدي الاختلاف في الفلسفات إلى اختلاف نوع التربية، إذ تتحكم الفلسفة التربوية في الجوانب العملية التربوية كافة. أي تتحكم في المدرسة، والمناهج وطرائق التدريس، والإدارة والعلاقات الإنسانية.

لم يقتصر بناء الفلسفة على الفلاسفة وحدهم، فالمدرس الذي يناقش آراءه ويقومها من خلال ما يوجه لها من انتقادات لتحسينها إنما هو يقوم كذلك ببناء فلسفة تساعده على تثبيت طريقته في الحياة، والقرارات التي يتخذها لنفسه فيها. ولفلسفة المدرس أثرها في توجيه الطلبة عن طريق المحتوى الذي يختاره أو طريقة التدريس التي يتبعها. وهذه الفلسفة تدعم وحدة المجتمع وبناءه إذا كانت متفقة هي وفلسفة المدرسة والمجتمع.

ولا بـد مـن تحديـد مفهـوم الطبيعـة الإنسانية وحقيقتها في أذهان المشـتغلين بالتربيـة والتدريس قبل بذلهم الجهود لوضع أهدافهم التربوية، أو تخطيط مناهجهم، مـن أجـل تحقيـق تلك الأهداف. وقد اختلف رجال الفكر في تفسير الطبيعـة الإنسـانية إذ وضعوا عـدة تفسيرات متباينة، ومـن بين تلك التفسيرات أن الطبيعة الإنسانية فطرية، وهذا التفسير جعل مجال العمل التربوي ضيقاً إذ لا يستطيع أن يفعل شيئا لتعديل تلك الطبيعة مـا دام كل إنسان قد تقرر مستقبله قبل دخوله غمار الحياة. وهناك تفسير آخر بأن الطبيعـة الإنسانية ليست فطريـة بـل هي نتاج تفاعل الإنسان مع بيئته الاجتماعية التي يحيا فيها في عالم الواقع. وهـذا التفسير جعل باب العمل التربوي مفتوحاً على مصراعيه لتخطيط المناهج التربوية التي تـؤدي إلى نمـو الإنسان وتشكيل طبيعته لخيره وخير المجتمع الذي يعيش فيه.

هنالك ارتباط وثيق بين الفلسفة التربوية السائدة في مجتمـع مـا، وبين الأهـداف التربويـة العامة له، وطبيعة محتوى مناهجه وأساليب تنظيمهـا، وبين الطرائـق والأسـاليب المسـتخدمة في تدريس محتوى تلك المناهج، وذلك لأن طرائق التدريس الفعالة تساعد كثيراً على ترجمة فلسفة التربية وأهدافها إلى مواقف تعليمية نستطيع من خلالها تطبيق أسـس ومفاهيم هـذه الفلسـفة وتحقيق أهدافها التربوية بما تنطوي عليه من حقائق ومفاهيم وأنماط تفكير ومهارات واتجاهات وقيم. وفي مقابل ذلك يلاحظ أن الطريقة تتضاءل قيمتها وتفقد دورها الفاعل في عمليـة التعليم والتعلم إذا لم تستند إلى فلسفة تربوية توجه مسارها وتوضح قيمها وأهدافها. وعلـى هـذا يمكن القول إن انتقاء المدرس لطريقة أو طرائق تدريسية معينة يعني اختيارا بين فلسفات تربوية.

إن استقراء تطور الفكر التربوي عبر مختلف عصوره يشير إلى أن التطورات التي طرأت علـى طرائق التدريس فأدت إلى تنوعها وتعددها من حيث مفهومها وأهدافها وأساليب التخطيط لهـا، قد تأثرت بالتيارات والتطورات التي لحقت فلسفة التربيـة وأهدافها، ومـا تنطوي عليـه هـذه الفلسفة من أسس نفسية.

ومن الفلسفات التربوية التي أثرت في العمليات التربويـة عامـة والطرائـق خاصة الفلسـفة التقليدية (الأساسية) التي قامـت فيها أهـداف المدرسـة القديمـة وضروب النشـاط علـى تنميـة

قدرة الطلبة على التعلم اللفظي غير المبصر للحقائق والمعلومات والمفاهيم التي تحتوي عليها الكتب المدرسية، كما أنها تقوم على التسميع. فالأسلوب السائد في التدريس هو التعليم اللفظي من المعلم والتعلم اللفظي من الطالب. فاحتل الشكل محل القيمة في التعلم، حتى أن العناية بمدى فهم التلميذ للمادة كانت ضئيلة.

وكانت طرائق التدريس خلال القرن الثامن عشر وأغلب القرن التاسع عشر تقوم على محاضرة المعلم، وعلى استماع الطلبة أو ما يدعى بأسلوب الكلام واستخدام السبورة. فطريقة التدريس في المدرسة القديمة تقوم على الحفظ والتسميع وإثقال كاهل التلاميذ بمحتويات الكتاب من دون الاهتمام لمدى فهم التلاميذ للمادة وتطبيقها في شؤون الحياة والمجتمع وتنمية تفكيرهم الناقد.

إن هذا المفهوم للطريقة يعكس الفلسفة التربوية وأهدافها التي كانت سائدة آنذاك، فقد أكدت هذه الفلسفة نظرية سايكولوجية كانت شائعة في القرون الوسطى هي نظرية الملكات العقلية التي تتلخص في أن العقل الإنساني مؤلف من عدد من الملكات المنفصلة بعضها عن بعض كملكة الخيال التي تصقل بالأدب والشعر والقصص، وملكة التفكير التي تصقل بالرياضيات وملكة الذاكرة التي تصقل بالتاريخ والجغرافية وملكة الانتباه والإرادة وغيرها من الملكات. وهذا المبدأ في التربية يسمى بـ (مبدأ التدريب العقلي) وقد ارتبط بهذا المبدأ مبدأ تربوي آخر يسمى بـ (مبدأ انتقال أثر التدريب) الذي مفاده أننا إذا دربنا الذاكرة على حفظ الأسماء مثلا في درس التاريخ فإنه يسهل تدريبها على حفظ المساحات في درس الجغرافية وهكذا في سائر الملكات أي أن الملكة تشبه عضلات اليد التي إذا دربت في ناحية معينة سهل تدريبها في أنواع أخرى فإذا درّبت عضلات اليد مثلا في طرق الحديد سهل تدريبها في الملاكمة وهكذا.

وفي ظل هذه الفلسفة التربوية، والنظام القديم لجأ المدرسون إلى التهديد بالعقاب وسيلة لتحفيز التلاميذ على الدراسة وللمحافظة على النظام الذي يقصد به الطاعة والسكون. وقد وصف كومنيوس دور المدرس آنذاك بقوله: "إن المدرس يجب أن يقف فوق منصة بحيث

يبقى الطلبة تحت مستوى ناظريه ولا يسمح لأحد منهم بعمل أي شيء سوى الإنصات والنظر إليه" وكان التدريس يهدف إلى ملء العقل بالمعرفة، كما هدف إلى غرس بعض الفضائل وبخاصة المثل والاتجاهات الخلقية التي تدعم فلسفة التعليم السائدة كالاجتهاد والمثابرة والصبر غير أنه لم توجه عناية كافية لتعميم وتطبيق هذه المثل العليا في النواحي المختلفة للحياة. وعندما وجه النقاد نقدهم لهذه الفلسفة التربوية ونظامها المدرسي القائم على الترديد وعدم معالجته لمواقف الحياة ومشاكلها وجدنا أن أصحاب هذا النظام قد دافعوا عنه في صورة ادعاءات حول نمو القوى العامة كالملاحظة والذاكرة وانتقال أثر تدريب تلك القوى عن طريق المواد الدراسية إلى غيرهما من أوجه النشاط المختلفة في الحياة. ولم يعط هذا النظام التلميذ إلا قليلاً من العناية والاهتمام لحاجاته ورغباته وميوله، ويرى في الإهمال لدى الطلبة سبباً في عدم الإقبال على الدراسة أو البطء في التعلم في حين يكمن السبب في محتوى المناهج وطرائق التدريس بالدرجة الأساس.

ومن فلاسفة القرن الثامن عشر روسو الذي رأى أن الطبيعة الإنسانية خيره لأنها من صنع خالق الطبيعة، وإن القوانين والالتزامات الاجتماعية هي التي تفسد هذه الطبيعة الخيرة. ورأى أن النمو السليم للإنسان يتم بإتاحة فرصة النمو الحر لميوله الطبيعية وتجنب التعليم المنظم وحماية نزعاته الفطرية الطبيعية من تدخل المجتمع وتنظيماته. ورأى أن التعليم يتم عن طريق النتائج الطبيعية لأفعال الفرد وهذا ما يجعل التعليم محدوداً وقد يكون مهلكاً. وتنمية الطفل تتم عن طريق اتصال الإنسان بالطبيعة اتصالاً مباشراً بوساطة حواسه. لذا نادى روسو بتنمية الحواس وتأجيل تعلم القراءة إلى سن متأخرة. وكان لهذا التفسير فضل في لفت الأنظار إلى ضرورة مراعاة خصائص الطفل في العملية التعليمية على الرغم من عدم إشارته إلى المجتمع بوصفه عاملاً مؤثراً في تكوين الطبيعة الإنسانية.

لقد شهد القرن التاسع عشر تقدماً كبيراً في العلوم الطبيعية النظرية وفي الأدب والفن، كما شهد تقدما في الكهرباء والرياضيات العالية وظهور نظرية النشوء والارتقاء وهو عصر فسلجة الدماغ ونشوء فلسفات اجتماعية كثيرة، وفي هذا العصر أيضا وضعت مبادئ علم النفس الحديث في الغرب نتيجة للجهود التي قام بها عالم النفس الألماني (فوند) الذي أوجد

أول مختبر في علم النفس وبدأ في الأبحاث التجريبية التي مهدت السبيل إلى تفنيد نظرية الملكات العقلية تفنيداً مختبرياً وفسحت المجال لنشوء نظريات سيوكولوجية أخرى جديدة شائعة في الغرب في الوقت الحاضر وفي مقدمتها نظرية الذكاء ونظرية الوظائف المخية العليا.

إن التربية في القرن التاسع عشر قد انتقلت إلى أيدي أناس اتخذوا التعليم مهنة لهم لا هواية كما كانت الحال عند روسو ويأتي في مقدمتهم (بستالوتزى وفرويل وهربارت) في ألمانيا ومنتسيورى في إيطاليا وجون ديوى في الولايات المتحدة الأمريكية.

ويعد هربارت أول مرب دعا إلى ضرورة جعل التعليم مهنة كسائر المهن، وإعداد المعلم إعداداً علمياً ومهنياً خاصا وذلك بإنشاء معاهد خاصة بإعداد المعلمين. وقد سجل آراءه في كتابه الموسوم بـ (علم التربية)، وله آراء معروفة في علم النفس فهو صاحب مبدأ الترابط أي أن الأفكار التي يحملها الشخص يربط بعضها بعضا، وأن الإنسان عندما يرى أو يسمع أو يقرأ حادثة معينة فإن ذلك يثير في ذهنه حوادث أخرى ذات علاقة بها.

وفي نهاية القرن التاسع عشر ومطلع القرن العشرين ظهرت عدة تطورات تربوية وسيكولوجية واجتماعية وعلمية إذ قامت الحركة العلمية في التربية على البحث والتجريب، وظهور سيكولوجية جديدة للتعلم وعلم نفس جديد. وقامت على أساس هذه الدراسات التربوية والنفسية والعلمية والاجتماعية فلسفة تربوية جديدة تختلف عما سبقها من حيث مفاهيمها وأهدافها وطبيعة عملية التعلم ومصادره وطرائق التدريس..الخ، وأعطت اهتماماً كبيراً للتلاميذ في العملية التعليمية حيث أكد فينكس قائلاً: "ومن المهم في تربية الطفل أن نبدأ من حيث يقف، وأن نقتبس طرقاً مناسبة لسنه ونضجه وقدراته واهتمامه". كما أكد أن هناك مناقشة طويلة بين محبذي الطرائق ومحبذي المواد الدراسية عند إعداد المدرسين إذ قال: "ففي جانب تطرف أولئك الذين يعتقدون أن طريقة التدريس هي المهمة، وأن المضمون يمكن أن يعنى بنفسه. وفي الجانب المتطرف الآخر أولئك الذين يهتمون بالسيطرة على المادة الدراسية. فالمحتوى يمكن أن يتعلم تعلما فعالاً، إذا ما استخدمت أنسب الطرائق التعليمية. وإذا ما أدخلنا في اعتبارنا طبيعة نضج المتعلم، وتستطيع الطرائق أن تحقق وظيفتها الأساسية إذا ما كانت مناسبة للمادة الدراسية التي تعلّم".

لم يكن ظهور الاتجاهات التربوية الحديثة مجرد ثورة على القديم لقدمه، بل إنها تستند إلى دعامتين: تتمثل إحداهما في علم النفس التربوي الحديث بنظرياته الجديدة، وتتمثل الثانية في الفكر الفلسفي التربوي والاجتماعي المتطور وذيوع المثل الديمقراطية والإيمان بها. ومن المبادئ التربوية الحديثة في التدريس التي تستند إلى علم النفس التربوي الحديث ما يأتي:

1- استغلال اهتمامات الطلبة الحالية والعمل على تكوين اهتمامات جديدة.

2- مساعدة التلميذ على إقامة أهداف قيمة يعمل على بلوغها.

3- العمل على تنمية القدرات الخاصة عند التلميذ.

4- مراعاة الفروق الفردية بين التلاميذ في قدراتهم واهتماماتهم وخبراتهم السابقة.

5- استغلال الفرص للتعلم عن طريق المواد الحسية.

6- السماح بنمو المهارات الأساسية في مواقف حية.

7- تمشي الخبرات التعليمية لكل تلميذ مع مستوى نضجه.

8- ربط المواد التعليمية بعضها ببعض وبحياة الطالب.

9- تعريف التعلم بأنه تعديل للسلوك.

ومن المبادئ التي تستند إلى الفكر الفلسفي التربوي والاجتماعي والمثل الديمقراطية ما يأتي:

1- التعاون بين المدرس والتلميذ في وضع خطة العمل وتنفيذها وتقويمها.

2- تحقيق الاتزان بين حرية التلميذ وتوجيه المدرس له.

3- اشتراك التلميذ في حل المشاكل المتعلقة بالحياة المدرسية.

4- توفير الفرص التي تزيد مهارة التلميذ في القيام بنشاط جماعي.

5- موافقة الجماعة ورضاها بوصفها حوافز لبذل الجهد.

6- توفير الفرص أمام التلاميذ ليتخذوا قرارات بأنفسهم ويتحملوا مسؤولياتها.

7- مساعدة التلميذ على النمو التدريجي نحو توجيه نفسه.

8- إتاحة الفرصة أمام التلميذ كي ينمو على أقصى حد تؤهله له استعداداته الشخصية.

9- تشجيع التلميذ على التعبير عن ذاتيته بكل أنواع التعبير اللفظي والحركي وغيرها.

إن القول بأن هنالك علاقة بين طرائق التدريس وفلسفة التربية وأهدافها لا يعني أن التطورات في طرائق التدريس تتأثر بالتطورات التي تطرأ على فلسفة التربية وأهدافها فقط، بل إنها تتأثر بمجمل التطورات الاجتماعية والاقتصادية والعلمية والسايكولوجية والسياسية المهمة والسائدة في المجتمع.

وفي يومنا الحاضر نجد أن التيارات المعاصرة للفلسفة التربوية، وما يحفل به العصر الذي نعيش فيه من تطورات وتحولات تربوية واجتماعية وعلمية وتكنولوجية وسياسية واقتصادية كان لها جميعا انعكاساتها المتزايدة على طرائق التدريس من حيث مفهومها وأهدافها وتقنيات استخدامها. لذا أصبح المفهوم المعاصر لطرائق التدريس يتميز بالخصائص الآتية:

1- **حل المشكلات:** فقد أصبح الاهتمام بمواقف حل المشكلات بدلا من الاهتمام بالتسميع في داخل الصف، فالتحليل، والاستدلال، والمناقشة أصبحت تحتل مكان الاستظهار والتسميع.

2- **التعلم:** فالطلبة يقضون وقتاً أكبر في التعلم فرديا أو في جماعات، عن طريق الكتب والمناقشات، وتكوين الأشياء ويقضون وقتا أقل من ذلك في الجلوس في صفوف للإجابة عن أسئلة المدرس.

3- **المعاني والأفكار:** فالمدرسون يهتمون لإعداد وتخطيط ألوان من النشاط التعليمي التي تهتم بالمعاني والأفكار، ولا يهتمون بقراءة وترديد الكلمات التي ليس لها معاني واضحة.

4- **العمل:** يستخدم المدرسون مواقف تعليمية تتضمن عملا وبناء من جانب التلاميذ، ويقل اعتمادها على ألفاظ الحديث.

5- **التوجيه الذاتي:** إذ يشجع التلاميذ على تخطيط ألوان نشاطهم التعلمي بمساعدة المدرس ويمكن أن يتم ذلك على أساس فردي أو أن يقوم به الفصل كله، أو تقوم به مجموعات صغيرة منه.

6- **القياس والتقويم:** وجد المدرسون أساليب أكثر فاعلية لتقويم تعلم تلاميذهم في داخل إطار المجال المتسع للأهداف، الذي يتضمن النمو والتكيف الاجتماعي والجسمي والعقلي. ولم تعد أساليب القياس مجرد اختبارات شفوية أو تحريرية لأنواع النمو العقلي، بل تزايد استخدامهم لمختلف أنواع الملاحظة للطلبة في سلوكهم التي تمكنهم أن يقوموا مقدار نموهم وطبيعته ليكشفوا النمو غير المرغوب فيه لأنواع السلوك.

7- **العلاقات الإنسانية الديمقراطية:** إن الاهتمام المتزايد للأساليب الديمقراطية وبالعلاقات الإنسانية في داخل الفصل من خصائص النشاط التعليمي الحديث. وقديماً كان ذلك يقوم على أساس التحكم والتسلط. أما اليوم فإن هذه العلاقات تتميز بالتعاون، واحترام الآخرين، وبذل الجهود لتنمية الاهتمامات والمبادأة، والميل إلى مساعدة التلاميذ لتنمو لديهم القدرة على تصريف شؤونهم وتشجيعهم وإتاحة الفرصة أمامهم لاتخاذ القرارات المتعلقة بنواحي نشاطهم.

aA

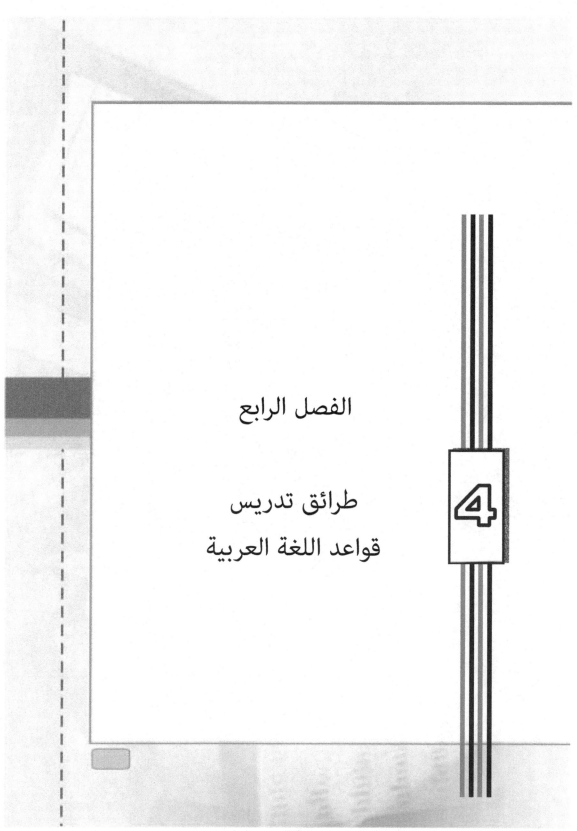

4

الفصل الرابع

طرائق تدريس قواعد اللغة العربية

الفصل الرابع
طرائق تدريس
قواعد اللغة العربية

البدء بتدريس قواعد اللغة العربية

قبل البدء بالكلام على أنواع طرائق تدريس قواعد اللغة العربية، ينبغي أن نعطي نبذة مختصرة عن البدء بتدريس قواعد اللغة العربية.

اختلف المربون في السن الملائمة للبدء بتدريس القواعد. فقد رأى بعضهم أن تلاميذ المدرسة الابتدائية غير قادرين على تعلم القواعد "لأنها تستلزم تهيؤا عقلياً خاصاً يمكن التلاميذ من الموازنة والتعليل والاستنباط". لكونها أموراً معنوية مجردة تحتاج إلى قدرة التحليل، وإدراك التعاميم والمصطلحات التي تشتمل عليها. وقالوا: إن تعلمها ينبغي أن يكون مقتصرا على طلبة المرحلة المتوسطة لأنهم قادرون -من خلال ما تعلموه من أساليب الكلام وما حفظه من نصوص وتراكيب في المرحلة الابتدائية- على إدراك وظيفة الكلمة في الجملة، وعلاقة الكلمات بعضها ببعض، وكذلك فهمهم للمصطلحات النحوية.

وقد مال بعض المربين إلى استخدام الطريقة العرضية في السنوات الأولى، فهم يرون أن تعلم اللغة الصحيحة يتم عن طريق المحاكاة والاستماع إلى الحديث الصحيح مما يستدعي ضرورة تنبيه التلاميذ إلى الضبط بالشكل، ومراعاة الحركات في أثناء القراءة الجهرية والصامتة حتى يصير النطق الصحيح عادة عندهم.

ومهما يكن من شيء فإن قواعد اللغة العربية يجب أن تدرس في الصف الخامس الابتدائي. ولا بد من استخدام بعض المفاهيم المعينة عند وضع المنهج في هذه المرحلة. ومن

تلك المفاهيم أن يتمشى المنهج مع سيكولوجية المتعلم من حيث المستوى والميول والحاجات، ومن حيث القدرة على الاستنتاج والتعميم والتطبيق. وقد نستطيع أن نقرب إلى التلميذ في هذا الصف أسهل المصطلحات النحوية الخاصة بتقسيم الكلام إلى فقرات، والفقرات إلى جمل، والمبتدأ والخبر وإعرابهما والفعل والفاعل والمفعول به، وأن تقدم له التطبيقات التي تعني بالمعنى والشكل مبتعدين عن مطالبته باستذكار مجموعة من التعاريف والقوانين وبذا نحقق فائدة أكثر من تدريس القواعد في هذه المرحلة.

ولا بد من الحديث عن الطرائق المستخدمة في تدريس اللغة العربية، وبخاصة قواعد نحو اللغة العربية في الوقت الحاضر. ومن أبرز هذه الطرائق:

1- الأسلوب التكاملي في التدريس.

2- الطريقة القياسية.

3- الطريقة الاستقرائية.

4- الطريقة المعدلة من الاستقرائية (طريقة النص).

5- أسلوب المواقف التعليمية الذي سيتوسع المؤلف فيه، بوصفه أسلوباً حديثاً.

أولا: الأسلوب التكاملي في تدريس اللغة العربية

الأسلوب التكاملي في تدريس اللغة العربية هو (أن تدرس اللغة العربية وحدة مترابطة ومتكاملة من خلال النصوص دون فصل بين فروعها المتعددة).

وفي الواقع أن هذا الأسلوب في التدريس لم يكن حديثاً، فقد كان مستخدما في العصر الإسلامي عند تدريس العلوم الإسلامية المختلفة. وكذلك عند التأليف. ويعد كتاب (الكامل) للمبرد، وكتاب (الأمالي) لأبي علي القالي مثلين رائعين على أسلوب التكامل.

ويعتمد أسلوب التكامل في تدريس اللغة العربية على نصوص أدبية مختارة محققة للأغراض المنشودة. وذلك لكون النصوص:

1- مادة صالحة للمطالعة.

2- مادة صالحة لتدريس الطلبة التعبير الشفهي والكتابي.

3- حقلا ممتازاً للتطبيق الوظيفي للغة والنحو والصرف.

4- محوراً للدراسات البلاغية، والنقدية في الصفوف الثانوية.

وقد اختلف التربويون والمتخصصون في هذا الأسلوب، فانقسموا على فريقين: الأول يؤيده، والثاني يعارضه. فالمؤيدون ذكروا أن العربية ينبغي لها أن تدرس وحدة متكاملة إذ قال أحدهم: "إننا ما زلنا ندرس النحو على أنه مادة منقطعة عن شعب العربية الأخرى، وما زلنا ندرس الأدب منفصلاً عن البلاغة والإنشاء. فالكتاب المدرسي ينبغي له أن يكون كتابا واحدا، وهذه طريقة جرى عليها من تقدم علينا في فن التأليف، والتدريس.. إن كتبنا المدرسية لا تعين التلميذ والطالب على أن يكون له زاد كاف يستخدمه تعبيراً وتحريراً".

أما الفريق الثاني وهم المعارضون فيرون أن تدريس اللغة العربية من خلال الوحدة قد يؤدى إلى استطراد المدرس في جانب معين، وإهمال الجوانب اللغوية الأخرى، وتخصيص حصص معينة لكل فرع هو أجدى في تعليم اللغة إذ يستطيع المدرس التركيز على ذلك الفرع المحدد، وإن هذا الفصل في مدارسنا بين الفروع فصل شكلي مصطنع لتيسير تدريس الفروع بشكل متساو.

والذي يهمنا هو أن يستفيد طلبتنا من كل فروع اللغة سواء أكان تدريسها مترابطا أم كان منفصلا. ففروع اللغة جميعا كلها وسائل لتحقيق غاية سامية هي جودة التعبير، وحسن التأثير، وسلامته من اللحن ليكون واضح المعنى من غير غموض أو ركاكة.

أما خطوات الأسلوب التكاملي عند تطبيقه عمليا من خلال مجموعة من النصوص المختارة، أو كتب المطالعة فهي كما يأتي:

1- أن يقرأ الطالب القطعة المختارة بالطريقة المتبعة في دروس القراءة.

2- يختار المدرس بعض الجمل الواردة في القطعة، ويتخذ منها أمثلة لتوضيح قاعدة نحوية.

3- يطالب الطلاب بأن يعبروا تعبيراً شفهياً جزئيـاً أو كليـا عـن المعـاني الـواردة في القطعـة مستعملين عبارات من إنشائهم، وكذلك التعبير التحريري.

4- إذا كانت القطعة شعراً لفت المدرس أنظار الطلبة إلى الصور البيانية فيها.

5- إذا كانت القطعة جميلة الأسلوب جعلها المدرس قطعة للحفظ.

6- يملي المدرس جزءاً مناسـباً مـن تلـك القطعـة عـلى الطـلاب ليـدربهم عـلى صـحة رسـم الحروف والكلمات.

مزايا الأسلوب التكاملي

1- إنه يجدد نشاط الطلبة، ويبعث فيهم الشوق والرغبة، ويدفع عنهم الملل والسأم.

2- فيه نوع من التكرار الذي يساعد على تثبيت المادة وزيادة فهمها.

3- إنه يقوم على نظرية الجشطالت وذلك بفهم الكليات ثم الانتقال إلى الجزئيـات. وهـذا يتفق وطبيعة الذهن الإنساني.

4- إنه يربط بين فروع اللغة ربطا وثيقاً.

5- إنه يضمن النمو اللغوي عنـد الطلبـة، لأنـه يعـالج الفـروع اللغويـة جميعـا في ظـروف واحدة.

6- إنه مساير للاسـتعمال اللغـوي، لأن اسـتعمال اللغـة في التعبـير الشـفهي والكتـابي يـتم بصورة سريعة فيها تكامل وترابط.

عيوب الأسلوب التكاملي

1- إنه لا يساعد على معالجة الأخطاء الفرعية.

2- صعوبة التوصل لمعرفة الفروق الفردية بين الطلبة.

3- صعوبة إعداد كتاب مدرسي يحيط بفروع اللغة العربية كافة بصورة تامة.

4- يستلزم هذا الأسلوب وجـود قـدرات وكفايـات عاليـة لـدى المعلمـين والطلبـة يصـعب توافرها.

5- صعوبة اختيار النصوص الملائمة لكل صف ولكل عمر.

6- صعوبة وضع التطبيقات والتدريبات الشفهية والتحريرية بشكل فني وسهل في الوقت نفسه، ليتمكن المعلم وتلاميذه من الإفادة منها في دراسة كل فرع من فروع اللغة خلال الأسبوع.

ثانيا: الطريقة القياسية (الاستنتاجية)

القياس "هو انتقال الفكر من الحكم على كلي إلى الحكم على جزئي أو جزئيات داخلة تحت هذا الكلي". ونحصل على الطريقة القياسية عند تطبيق هذا النوع من الاستدلال في التعلم. والطريقة القياسية (الاستنتاجية) هي في الواقع صورة موسعة لخطوة التطبيق من الطريقة الاستقرائية. وفي القياسية إما أن يقدم المدرس الأسس العامة والقواعد والقوانين جاهزة إلى الطلبة لتطبق على الأمثلة والحقائق الجزئية التي تصدق عليها تلك القوانين والقواعد، أو أنه يفسر ويشرح لهم القواعد والحقائق التي سبق أن ألقيت عليهم.

وتتطلب عمليات عقلية معقدة لأنها تبدأ بالمجرد أي بذكر القاعدة كلها وفي هذا مخالفة لسير النمو اللغوي عند الإنسان ومخالف لطبيعة اللغة المتعلمة نفسها. فالمعلم أو المدرس بعد كتابة القاعدة كلها أي (المفاهيم الكلية والقضايا الشاملة) يقوم باستخراج بعض النتائج العقلية والمنطقية من خلال تدقيق ما تحتوي عليه تلك المفاهيم، وينتقل بذلك إلى القضايا الجزئية والمفهومات المشخصة. وفي الواقع أن الجزئيات أقرب إلى مدارس المتعلمين من الكليات، كما أن الكليات التي هي قليلة الشمول أقرب إلى مدارك المتعلمين من التي هي كثيرة الشمول.

وفي الواقع أن هذه الطريقة لم تكن حديثة العهد، فهي أقدم طريقة استخدمت في تعليم قواعد النحو العربي، ولا تزال تستخدم في بعض مدارس الدول العربية. وكانت كتب النحو المدرسية القديمة كلها تسير بحسب هذه الطريقة مثل كتاب النحو الوافي لعباس حسن، وكتاب جامع الدروس العربية للغلاييني، وكتاب قواعد اللغة العربية لتلاميذ المدارس الثانوية لحفني ناصف وآخرين.

خطوات الطريقة القياسية

تمر الطريقة القياسية عبر أربع خطوات هي:

1- **التمهيد أو المقدمة:** وهي الخطوة التي يهيأ فيها الطلبة للدرس، وذلك بالتطرق إلى الدرس السابق مثلاً. وبذا يتكون لدى الطلبة خلال هذه الخطوة الدافع إلى الدس الجديد والانتباه له.

2- **عرض القاعدة:** تكتب القاعدة كاملة ومحددة وبخط واضح ويوجه انتباه الطلبة نحوها بحيث يشعر الطالب بأنّ هناك مشكلة تتحداه وأنه يجب أن يبحث عن الحل، ويؤدي المدرس هنا دوراً بارزاً ومهماً في التوصل إلى الحل وهو وضع الجمل بلا شك.

3- **تفصيل القاعدة:** بعد أن يشعر الطلبة بوجود مشكلة، يطلب المدرس في هذه الخطوة أن يأتي الطلبة بأمثلة تنطبق عليها القاعدة انطباقاً سليما لأن ذلك مدعاة لتثبيت القاعدة ورسوخها في ذهن الطالب وعقله.

4- **التطبيق:** بعد أن يعطي المدرس أمثلة كثيرة ووافية بمشاركة الطلبة يكون الطالب قد توصل إلى شعور بصحة القاعدة وجدواها. وإذّاك يمكن أن يطلب المدرس من طلبته التطبيق على هذه القاعدة قياسا على الأمثلة التي تناولوها خلال تفصيل القاعدة.

مزايا الطريقة القياسية

1- إن هذه الطريقة سريعة لا تستغرق وقتاً طويلاً كالطريقة الاستقرائية، فالحقائق العامة والقواعد والقوانين تعطى بصورة مباشرة من المدرس، وتكون كاملة ومضبوطة لأن الوصول إليها كان بوساطة التجريب والبحث الدقيق.

2- يجب ألا يتبادر إلى الذهن أنها لا تساعد الطلبة على تنمية عادات التفكير الجيد، فالتفكير لا يعتمد على الطريقة فقط بل يحتاج إلى المادة وإلى الحقائق التي يجب أن يعرفها الطالب بدقة إذا أراد أن يطبقها في حل المشاكل وتفسير الفرضيات الجديدة بمهارة وحذق.

3- يرغب فيها معظم المعلمين والمدرسين لأنها طريقة سهلة لا يبذل فيها المدرس أو المعلم جهداً كبيراً في اكتشاف الحقائق.

4- التلميذ الذي يفهم القاعدة فهما جيداً يستقيم لسانه أكثر من التلميذ الذي يستنبط القاعدة من أمثلة توضح له قبل ذكرها.

5- سبيلها الوحيد الحفظ فهو الذي يعين على تذكرها.

6- إنها تساعد المعلم أو المدرس على أن يغطي موضوعات المنهج، وينتهي من الموضوعات المقررة، وتذلل له ما ألقي على عاتقه من منهج المادة.

7- تصلح للتدريس في المرحلة الثانوية والدراسة الجامعية.

عيوب الطريقة القياسية:

1- إن الغرض الأساسي من هذه الطريقة هو حفظ القاعدة واستظهارها مع عدم الاهتمام بتنمية القدرة على تطبيقها. ويمكن أن تلائم المتخصصين في دراسة اللغة. لمسايرتها لأسلوب القدماء في دراسة النحو، ولكنها لا تلائم تلاميذ المدارس لأن الغرض من تعليمهم النحو ليس الاستظهار بل التطبيق.

2- كثيراً ما ينصرف التلاميذ عن الدرس والمدرس عند استخدام هذه الطريقة لأن موقف التلميذ خلالها موقف سلبي ومشاركته من خلالها بالفكر والرأي مشاركة ضعيفة.

3- تتنافى هي وما تنادى به قوانين التعلم من حيث البدء بالسهل والتدرج إلى الصعب. فهي تبدأ بالكل وتنتهي بالجزء، أي تبدأ بتقديم القاعدة أو القانون أو التعميم وتنتهي بالأمثلة. وهذا يشكل صعوبة في استيعابها وتمثلها.

4- ينسى التلاميذ هذه القواعد بعد حفظها، لأن حفظهم لها لا يقترن بالفهم، ولم يبذلوا جهداً في استنباطها والوصول إليها. وقد أثبتت التجارب التي أجريت في ميادين علم النفس أهمية إدراك التلميذ لمعنى ما يتعلمه في دفعه إلى التعلم.

5- لقيت هذه الطريقة معارضة كثيرة من المعلمين لأنها تشتت انتباه التلاميذ، وتفصل بين النحو واللغة، ويشعر التلميذ بأن النحو غاية يجب أن تدرك، وليس وسيلة لإصلاح العبارة وتقويم اللسان، كما أن الأمثلة مفروضة على التلاميذ فرضا.

6- لقد أثبت علميا أن هذه الطريقة لا تكون في التلميذ السلوك اللغوي الصحيح لأن الأساس الذي رتبت عليه هذه الطريقة يستهدف تحفيظ القاعدة واستظهارها، فالتلميذ يكون معتمداً على غيره وقد يفقد ميزة المبادهة كلما مرّ عليه الزمن، ويفقد ولعه ولذته في الدرس وفي المدرسة.

7- إن هذه الطريقة لا تصلح لتعليم الصغار.

ثالثا:الطريقة الاستقرائية (الاستنباطية)

"الاستقراء هو طريق للوصول إلى الأحكام العامة بوساطة الملاحظة والمشاهدة وبه نصل إلى القضايا الكلية التي تسمى في العلوم باسم القوانين العلمية أو القوانين الطبيعية، وبه أيضاً نصل إلى بعض القضايا الكلية الرياضية وقوانين العلوم الاجتماعية والاقتصادية".

ولدت هذه الطريقة التي تسمى أيضاً بالاستنباطية في ألمانيا في أواخر النصف الأول من القرن التاسع عشر، وقد اقترنت هذه الطريقة بالفيلسوف الألماني فردريك هربارت (1776-1841) وهو من علماء القرن التاسع عشر، ثم انتشرت في أوربا وأمريكا وظلت مسيطرة على التربية فكريا وعملياً حتى مستهل القرن العشرين. إذ ظهرت طرائق أخرى تمكنت من تقويض دعائمها وإدراجها في زوايا النسيان. وقد استمرت في تدريس اللغة، والمواد الاجتماعية والعلوم الطبيعية والبيولوجية في أول الأمر، ثم ما لبثت موجتها أن انحسرت عن معظم المواد مخلفة لها بقايا في تدريس القواعد.

تقوم هذه الطريقة على نظرية في علم النفس الترابطي، وهذه النظرية تسمى بنظرية الكتل المتآلفة، والتفسير التطبيقي لها أن الطفل يأتي إلى المدرسة وهو مزود بثروة فكرية

ولفظية. فعن طريقها يتعلم الحقائق الجديدة. أي أن خبراته السابقة تساعده في فهم المشكلات والحقائق الجديدة.

فهربارت يرى أن العقل البشري مكّون من مجموعة من المدركات الحسية التي تتكون نتيجة للأحاسيس التي تأتي بها الحواس عن الأشياء التي تتصل بها في البيئة، وهذه المدركات الحسية تكون كتلا تترابط بها الأحاسيس التي تأتي بعد ذلك عن هذه الأشياء. وهذه الكتل الترابطية تشكل بالطريقة التي ينظر بها الإنسان إلى هذه الأشياء. ويتصرف إزاءها. لذا نجد المعلم في هذه الطريقة يبدأ باستثارة المعلومات القديمة ثم ربط القديم بالجديد عن طريق التعميم أو القاعدة ثم تطبيقها على مادة مماثلة للمادة الجديدة... وفي الواقع أن نظرية هربارت لم تكن مشتقة من التجريب العلمي، وإنما مشتقة من ملاحظاته وخبراته الشخصية. وليس هذا انتقاصا من هربارت وطريقته، فالتجريب العلمي لم يبدأ في الحقل التربوي إلا في القرن العشرين. وهذه الطريقة بخطواتها الخمس وصلت إلينا متأخرة عن أوربا وأمريكا بمدة، وعرفت طريقها إلى المدارس والمؤلفات التربوية في الربع الأول من القرن العشرين.

ويرى الهربارتيون أن اتحاد الأفكار الجديدة بالأفكار القديمة يشبه الاتحاد الكيماوي بين مادتين تقريباً، وهذا الاتحاد يتم بفعل العوامل المساعدة في التفاعل الذي هو الحرارة. والعوامل المساعدة في اتحاد الأفكار هو الاهتمام عند (تلير) و (راين)، وهو الدافع والغرائز عند (مكدوكل).

خطوات الطريقة الاستقرائية

1- **المقدمة أو التمهيد:** ويسمى عند ثورندايك بـ (قانون الاستعداد) فالاستعداد يهيء أذهان التلاميذ لتلقي الدرس الجديد، ويشعرهم بالحاجة إليه، كما أنه يعمل على إثارة شوقهم وانتباههم إلى ما اشتمل عليه. ويرى ثورندايك أن التعليم لا يحصل بغير استعداد. فالتمهيد يعمل على ربط المعلومات الجديدة بالمعلومات والخبرات القديمة لدى التلاميذ، ويجب ألا يطول زمن المقدمة عن خمس دقائق.

2- **العرض:** وهو المرحلة الثانية التي تخطو بالتلاميذ إلى فهم مادة الدرس الجديد، وتوضيحها في أذهانهم، بتوجيههم إلى الوصول إلى ذلك بأنفسهم.

3- **اربط أو الموازنة:** وهي عملية موازنة ومقابلة بين المعلومات الجديدة ومعلومات قديمة مماثلة.

4- **الاستنباط:** وهو المرحلة التي يتوصل بها التلاميذ إلى وضع القاعدة أو التعميم أو التعريف بأنفسهم.

5- **التطبيق:** وهو المرحلة الأخيرة التي نتوصل بها لتثبيت المعلومات في أذهان التلاميذ عن طريق التمارين الشفهية والكتابية.

مزايا الطريقة الاستقرائية

1- تساعد على بقاء المعلومات في الذاكرة مدة أطول من المعلومات التي تكتسب بوساطة القراءة أو الإصغاء. لأن الطالب توصل إليها بنفسه وبمساعدة معلمه. ويصدق هذا على الطالب النابه والمتأخر في أي درس من الدروس. فالطلبة يفهمون القاعدة التي توصلوا إليها بمساعدة مدرسهم أكثر من تلك القاعدة التي يقدمها إليهم المدرس حاضرة مهيأة أو التي يجدونها في الكتب المقررة. ويستطيعون التوصل إلى التعميم نفسه إذا نسوه بعد مرور زمن. ولو كان طويلاً، فخطوات التفكير في الحصول عليه تبقى معهم. كما أنهم يستطيعون تطبيق التعميمات التي توصلوا إليها بسهولة أكثر من تطبيق تلك التعميمات التي تقدم إليهم جاهزة. والطالب الذي يتعلم كيف يفكر بوساطة الدروس الاستقرائية ويتقن طريقة التفكير في الوصول على التعميمات يصبح فرداً مستقلاً في تفكيره واتجاهاته في أعماله المدرسية والحياتية الأخرى.

2- إنها تقوم على تنظيم المعلومات الجديدة، وترتيب حقائقها ترتيباً منطقياً، وربطها بالمعلومات القديمة فيبنى على ذلك وضوح معناها وسهولة تذكرها وحفظها. وقد أدت أفكار هربارت دوراً مهماً في خلق روح التنظيم، والتسلسل المنطقي في عرض المادة الدراسية.

3- إنها تجعل التعليم محببا للتلاميـذ لأنها تركـز عـلى عـنصر التشـويق قبـل عـرض المـادة، فمقدمات الدروس وما تضمه من عناصر تشويقية لا تزال تستخدم في غالبية طرائقنـا في الوقت الحاضر.

4- تستثير في الطلبة ملكـة التفكـير، وتأخـذ بأيـديهم قلـيلاً قلـيلاً حتى يصـلوا إلى القاعـدة، فاشتراك الطلبة في العمل والتفكير يتيح لهـم إظهار شخصياتهم واعتدادهم بأنفسـهم والتعبير عن أفكارهم بحرية وطلاقة.

5- تتخذ الأساليب الفصيحة والتراكيب اللغوية أساساً لفهم القاعدة وتلـك هـي الطريقـة الطبيعية في تعلم اللغة لأنها تمزج القواعد بالأساليب.

6- إنها أكثر الطرائق شيوعاً في التـدريس لكونهـا محـددة وواضحة لـدى المدرسـين، كـما أن السير في مراحلها يناسب قدرات التلاميذ، ومداركهم ويعودهم دقة الترتيـب والملاحظـة، ويزودهم بعادات خلقية مهمة كالصبر والمثابرة على العمل والاعتماد على النفس، والثقة بها.

وعلى الرغم من تلك المزايا لا يجوز استعمال هذه الطريقة فرديا أو مع جماعة صغيرة، فهي طريقة صالحة لصف يحوي عدداً كبيراً من الطلاب، كـما أنهـا لا تصـلح للتـدريس وتعد مضيعة للوقت إذا كان الطلاب قد قرأوا المادة وفهموا التعميمات سابقاً ولا يمكن أن نضـمن الوصـول إلى التعميم من الطلاب جميعاً، وبخاصة المتأخرون منهم.

عيوب الطريقة الاستقرائية

تعرضت طريقة هربارت ومذهبه في العقل لنقد كثير من لـدن بعض البـاحثين مـن علـماء النفس ورجال التربية. ويتجلى هذا النقد فيما يأتي:

1- لم يوضح هربارت حقيقة العقل، ولا كيفية وجود الأفكار فيه، كـما أنـه لم يوضـح عمليـة الإدراك العقلي المؤتلف والمختلف مـن الأفكـار، ولا القوة الحقيقيـة التـي عـلى أساسـها استنبط القواعد العامة والقوانين. لذا نجد رأيه في هذه المسألة يكتنفه الغموض والإبهام.

2- يرى هربارت أن العقل مكّون من الأفكار التي يستمدها من الخارج، وإنه خاضع للبواعث الحسية، والتأثر بها وحدها. وليس في مقدور العقل إيجاد حركة فكرية مستقلة... مع أن الثابت عن العقل إنه دائم الحركة والتفكير، وإن له وراء المحسوسات مجالاً أوسع للإدراك لطريق الإلهام. وبذا نجد هربارت قد أهمل الناحية الإيجابية للعقل والمتصلة بالغرائز والميول الفطرية الدافعة التي تحمل الإنسان على العمل والنشاط.

ويرى هربارت أن عقل الإنسان خال من كل نقش وصورة، فهو كالصفحة البيضاء، في حين أثبت العلم الحديث أن الطفل مزود بعدد كبير من الغرائز والميول منذ ولادته، وهذه تترك أثراً واضحاً في حياته الخاصة (الفردية)، والعامة (الاجتماعية).

3- طريقة هربارت لا تتفق هي وطريقة العقل في إدراك الحقائق، فالعقل لا يسير خطوة خطوة في عملية التفكير كما افترض هربارت في خطواته المتتابعة المصطنعة. فالعقل يطفر غالباً نحو الاستنباط قبل أن تقوى دعائمه، أي قبل إتمام مرحلة العرض.

4- ومن الناحية التربوية نجد أن هذه الطريقة تؤكد التربية الإدراكية في دروس كسب المعرفة، وتهمل التربية الوجدانية والإرادية في دروس التذوق، ودروس كسب المهارة، وأن التزام المدرس بها يحدد من حريته، ويجعله أداة مسخرة، ويعوقه عن التفنن والابتكار. فالشغل الشاغل للمدرس هو تعليم المادة في حد ذاتها دون العناية بالتلميذ وتربيته ومراعاة قدراته وميوله ودوافعه النفسية. وعلى العموم فهي تحليل منطقي أكثر من كونها تحليلاً نفسياً، فهي تزود المدرس بكيفية ترتيب الدرس للوصول بالتلاميذ إلى إدراك الحقائق فحسب. وهذا لم يكن العمل الوحيد للمدرس. فعمل المدرس التربية أولاً والتعليم ثانياً.

5- لا تمثل تفكير المتعلم الذي ينبغي أن يكون محور العملية التعليمية، فموقف الطالب بحسب رأيهم موقف سلبي، فهو موقف القابل للمعلومات والمسلم بصحتها من غير مناقشة، كما أنها تنكر أن التعلم نشاط إيجابي بين المعلم والمتعلم، ولم تحفل بالفروق الفردية بين الطلاب فتنظر إليهم على أنهم متساوون ومطبوعون بطابع واحد.

6- إن الأمثلة التي تقدم للمتعلمين لم تعط انطباعاً لهم بأن قواعد اللغة ليست منعزلة عن اللغة ذاتها. فالأمثلة تتسم بالجفاف، وعدم الارتباط بواقع المتعلمين. فينبغي أن يكون واضحاً لدى المتعلمين أن أواخر الكلمات جزء أساسي من مفهوم اللغة نفسها، وصحة تراكيبها وفي أدائها للمعنى وعرضها للأفكار.

الطريقة المعدّلة من الاستقرائية(طريقة النص)

تعتمد هذه الطريقة على عرض نص مختار متصل المعنى متكامل الموضوع يؤخذ من موضوعات القراءة، أو النصوص الأدبية، أو الكتب القديمة، أو من دروس التاريخ، أو من الصحف اليومية والمجلات الأسبوعية. وحبذا لو كان يعالج حدثا من الأحداث الجارية التي تقع تحت بصر التلاميذ وبين أسماعهم. وقد سميت عدة تسميات منها طريقة الأساليب المتصلة، أو القطعة المساعدة أو النصوص المتكاملة، أو الطريقة المعدلة لأنها نشأت نتيجة تعديل الطريقة الاستقرائية. وفي الحقيقة لا فرق بينها وبين الاستقرائية من حيث الأهداف العامة، لكن الفرق هو في النص الذي تعتمد عليه، فنراه نصا متكاملاً يعبر عن فكرة متكاملة، بينما تعتمد الاستقرائية على مجموعة من الأمثلة أو الجمل التي لا رابط بينها. أما الخطوات الرئيسة في الطريقتين فهي واحدة لذا نعتقد أن لا داعي للفصل بينهما. والغاية منها أي طريقة النص هو التمهيد للاتجاه الحديث في تدريس القواعد الذي يحقق للطالب ثقافة ولغة وأدبا ونحواً من خلال النص. وهذا يتفق والأنماط الحديثة في تدريس اللغات.

وفي الحقيقة أن ما تحققه طريقة النص لم يكن حديثا فقد كان متبعا في العصر الإسلامي، إلا أن تركيزنا على القواعد فقط في الوقت الحاضر، وترك الفوائد الأخرى جعلنا نحس بأنها نمط حديث في تدريس لغتنا.

خطوات طريقة النص

1- **التمهيد:** يمهد المدرس بالتطرق إلى الدرس السابق ليهيء التلاميذ إلى الدرس الجديد.

2- **كتابة النص:** يكتب النص على السبورة ثم يقرأ المدرس بتركيز ووضوح وبطريقة يؤكد من خلالها المفردات التي يدور حولها الدرس. ويفضل استخدام الطباشير الملون

لكتابة تلك المفردات أو الجمل التي هي موضوع الدرس.

3- **تحليل النص:** يقوم المدرس بتوضيح ما يتضمنه النص من القيم والتوجيهات وينفذ من خلال ذلك إلى القاعدة بعد أن يصبح الطلاب على إلمام كبير بالمفردات التي تمّ استنتاج القاعدة من خلالها.

4- **القاعدة أو التعميم** يقوم المدرس بكتابة القاعدة بخط واضح وبالطباشير الملون وفي مكان بارز على السبورة.

5- **التطبيق:** ويعني أن يطبق الطلاب على القاعدة أمثلة إضافية، وتكون من خلال الإجابة عن أسئلة المدرس، أو تكليف الطلاب بتأليف جمل معينة حول القاعدة.

مزايا طريقة النص:

1- إن تعليم القواعد وفق هذه الطريقة يجاري تعليم اللغة نفسها، فتعليم اللغة إنما يجيء عن طريق معالجة اللغة نفسها ومزاولة عباراتها بوساطة عرضها بصورة صحيحة على الأنظار والأسماع وتمرن الألسنة والأقلام على الاستخدام الصحيح.

2- إن مزج النحو بالتعبير الصحيح يؤدي إلى رسوخ اللغة وأساليبها رسوخاً مقروناً بخصائصها الإعرابية.

3- إن تعليم النحو في ظلال اللغة سيحبب النحو للتلميذ لشعوره باتصال لغته بالحياة.

4- إنها تجعل القاعدة أو التعميم جزءاً من النشاط اللغوي فهي تدرب التلاميذ على القراءة السليمة وفهم المعنى، وتوسع دائرة معارفهم، وتدربهم على الاستنباط.

5- تزود التلاميذ بالقيم السامية، والمعاني التهذيبية، والمفاهيم الوطنية والقومية، والتوجيهات التربوية وغيرها من المفاهيم بحسب محتوى النص المعتمد في دراسة الموضوع النحوي.

عيوب طريق النص:

1- ليس من السهل الحصول على نص متكامل يخدم الغرض الذي وضع من أجله، لأن الـذي يكتب النص لم يهدف إلى مراعاة غاية لغوية معينة أو معالجة موضوع نحوي معين.

2- قد يضطر المعلمون أو المدرسون إلى صياغة نص معين يتضمن جميع المسائل النحويـة التي يحتاج إليها الدرس. وهذا يؤدي بدوره إلى اتصاف النص بصبغة الاصطناع والتكلف.

3- إذا كان النص مطولاً وأراد المعلم معالجته معالجة وافية مستوفياً خطوات طريقة الـنص سيضيع وقت طويل يؤخذ مـن الوقـت المخصـص لدراسـة الموضـوع النحـوي والتـدريب عليه.

4- قد يترك معظم المدرسين أو المعلمين قطعة النص ويلجأون إلى الأمثلـة الصـناعية التـي لا تكلفهم وقتا طويلاً حرصا على استيفاء المناقشة النحوية التي ينشغل عنها التلميـذ عنـد استخدام النص.

5- معظم المدرسين والمعلمـين يحيدون عـن الطريقـة السـليمة التـي تجمـع بـين المناقشـة النحوية المستوعبة، والتدريب الوافي، وبين المبدأ التربوي السليم الذي يقضي بـأن تـدرس القواعد في ظلال النصوص الأدبية.

aA

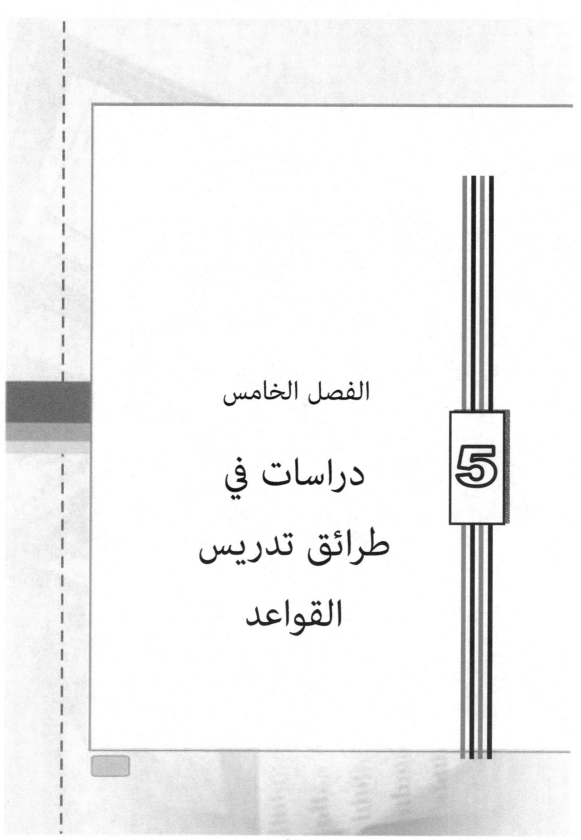

5

الفصل الخامس

دراسات في طرائق تدريس القواعد

الفصل الخامس
دراسات في
طرائق تدريس القواعد

◇ دراسة الخياط

قامت حورية الخياط بإجراء دراستها الموسومة بـ (فعالية التعليم المبرمج في تدريس مادة النحو في المرحلة الإعدادية) في جامعة دمشق.

وضعت الباحثة فرضيتها الآتية: "إن مستوى تحصيل تلميذات الصف الثاني الإعدادي في مادة النحو في الطريقة المبرمجة القائمة على نظرية التشكل المرحلي للأفعال العقلية أعلى من مستوى تحصيلهن في الطريقة التقليدية. إذا ما قيس هذا في اختبار التحصيل النهائي".

استخدمت الباحثة في هذا البحث الطرائق النظرية من تحليل ومقارنة وشرح ونقد، واستخدمت فيه أسلوب التعليم المبرمج، فصممت برنامجاً تعليمياً. وأعدت اختباراً واستفتاء للآراء.

اقتصرت التجربة على قياس التحصيل المعرفي لموضوعات النحو الثلاثة (الحال، التمييز، المنادى) المقررة على تلميذات الصف الثاني الإعدادي.

أما البرنامج المستخدم في التجربة فهو يعكس المعارف نفسها المتضمنة في الكتاب الوزاري المقرر، ويعكس الاختبار التحصيلي المعد لتقويم نتائج التجربة المعارف الفعلية في النواحي التي يتضمنها البرنامج.

قامت الباحثة بتطوير مراحل البرنامج إذ جرى تجريبه في صورته المبدئية على عشر تلميذات كل على انفراد، وجرت مراقبة سير التلميذات في تنفيذ الأفعال المعرفية.

وفي ضوء نتائج التجريب الفردي طبقت الصيغة المعدلة بوساطة تجربة استطلاعية أجريت على (45) تلميذه من طالبات الصف الثاني الإعدادي بمدرسة المعونة في مدينة دمشق. وهن من التلميذات المماثلات لأفراد عينة التجربة.

قدمت الباحثة اختباراً تحصيلياً قبل تطبيق البرنامج التعليمي وبعده على العينة الاستطلاعية. وكان الغرض من التجربة الاستطلاعية هو: إجراء تقويم للتركيب الداخلي للبرنامج، والتثبت من صدق الاختبار ومعرفة مدة الاختبار. إذ استمرت مدة الاختبار ساعة واحدة. كانت نتيجة التجربة الاستطلاعية التي استمرت ثلاثة أسابيع مشجعة إذ حفزت الباحثة على مواصلة البحث وإجراء التجربة النهائية، وذلك بمقارنة الطريقة الجديدة بالطريقة التقليدية.

اختيرت عينة البحث النهائية من تلميذات الصف الثاني الإعدادي بمدرسة أحمد العزاوي بدمشق. وكان أفراد العينة متجانسين اجتماعيا واقتصادياً وتحصيلياً. إذ تكونت العينة من (130) تلميذة موزعات عشوائيا على أربع شعب، ووضعت التلميذات في مجموعتين: تجريبية استعملت فيها الطريقة المبرمجة ومجموعة ضابطة استخدمت فيها الطريقة التقليدية. وتراوحت أعمار التلميذات بين (13 سنة و 15سنة).

وبعد تطبيق البرنامج التعليمي الذي استمر ثلاثة أسابيع قدمت الباحثة اختباراً تحصيلياً موضوعياً متسماً بالصدق، معتمداً على ما جاء في الكتاب المدرسي المقرر. ومن الجدير بالذكر أن الباحثة استعانت في إعداد بعض بنود هذا الاختبار باختبار بسبالكا (Bisbalka) الموضوعي المعد لبرنامجه. وقد احتوى الاختبار على أسئلة من نوع التعرف والتذكر والتطبيق. وإدراك العلاقات وقد حددت الباحثة زمن الإجابة عن هذا الاختبار بساعة ونصف الساعة.

وقـد وضعت الباحثة استفتاء مكونـا مـن (37) سـؤالا لمعرفـة آراء التلميـذات بالبرنـامج الذي تعلمن به، بعد عرضه على ثلاثة من الخبراء للوقوف على مدى صلاحيته.

استخدمت الباحثة الاختبار التائي (T-test) وسيلة إحصائية وتوصلت إلى تفوق متوسط تحصيل التلميذات اللائي درسن بطريقة التعليم المبرمج على متوسط تحصيل التلميذات اللائي درسن بالطريقة التقليدية.

◇ دراسة الدليمي

أجريت دراسة الدليمي الموسومة بـ (دراسة مقارنة لأثر بعض الطرائق التدريسية على تحصيل الطلاب في قواعد اللغة العربية) في جامعة بغداد.

هدفت الدراسة إلى معرفة أثر الطريقة الاستقرائية والطريقة القياسية وطريقة النص في تحصيل الطلاب في قواعد اللغة العربية.

اختار الباحث بطريقة عشوائية متوسطة الفجر للبنين مـن بـين أربع متوسطات في منطقتـي الأعظمية والكاظمية. وكانت تحتوي على عشر شعب لطلاب الصف الأول المتوسط، فاختـار الباحث (9) صفوف تضم (326) طالبـاً. درس (112) طالبـاً بالطريقـة الاستقرائية، و(109) طلاب بالطريقة القياسية، و(105) طلاب بطريقة النص. وكانت مدة التجربة (9) أسابيع.

درس الباحث نفسه ثلاث شعب، الأولى بالطريقـة الاستقرائية، والثانيـة بالطريقـة القياسـية، والثالثة بطريقة النص. وعهد إلى مدرسين اثنين تدريس بقية الشعب. إذ درس كل واحد منهما ثلاث شعب، ودرست كل شعبة بطريقة معينة. ويكاد المدرسان يحملان مواصفات الباحث أنفسـها مـن حيث الكفاية العلمية، والإعداد، والتأهيل، ومدة الخدمة.

أعد الباحث الخطط الخاصة بالطرائق الثلاث قبل التدريس، واستنسخ الخطط أنفسها ووزعها على المدرسين الآخرين. وكان تدريس الموضوعات النحوية بالطرائق الثلاث في يـوم

والأحد، وحل التمارين في يوم الاثنين وللشعب التسع جميعها.

وفي نهاية التجربة أعد الباحث اختباراً تحصيلياً موضوعياً، متسما بالصدق إذ عرضه على لجنة من المحكمين لبيان صلاحيته، وتميز تصحيح الاختبار بالثبات، وكان تصحيح الاختبار قد جرى في مدتين بفاصل زمني أمده أسبوعان. وقد شمل الاختبار الموضوعات التي عرضت على التلاميذ وهي (الحال، والتمييز، والمجرور بحرف الجر، والمجرور بالإضافة، والمستثنى بألا، والنعت.

وتوصل الباحث إلى أنه لا فرق ذا دلالة إحصائية في التحصيل بين الطرائق التدريسية الثلاث عند مستوى (0.05). وقد استخدم الباحث تحليل التباين وسيلة إحصائية لمعرفة دلالة الفروق. وفي نهاية البحث أوصى بعدة توصيات واقترح بعض الدراسات التي يعتقد أن لها أهمية في هذا الميدان.

دراسة السلطاني

أجريت هذه الدراسة الموسومة بـ (دراسة مقارنة لأثر بعض الطرق التدريسية في تحصيل الطالبات بقواعد اللغة العربية) في جامعة الموصل.

هدفت الدراسة إلى معرفة أثر الطريقة الاستقرائية والقياسية في تحصيل الطالبات في قواعد اللغة العربية.

حدد الباحث المدارس المتوسطة للطالبات التي تتألف من شعبتين فما فوق فكان عددها إحدى عشرة مدرسة موزعة في مناطق مختلفة في مركز مدينة فوق فكان عددها إحدى عشرة مدرسة موزعة في مناطق مختلفة في مركز مدينة الموصل.

وجد الباحث ثلاث متوسطات فيها شعب كثيرة وهي "متوسطة سيناء ومتوسطة البعث ومتوسطة الكفاح". اختار الباحث عشوائياً متوسطة البعث للبنات من بين المتوسطات الثلاث. وكانت متوسطة البعث للبنات تضم ثماني شعب تقوم بتدريسها مدرستان متكافئتان من حيث الإعداد المهني والتحصيل العلمي والجامعي وسنوات الخدمة.

اختار الباحث عشوائياً شعبتي (أ ، ج) فكانت من نصيب المدرسة الأولى واختار عشوائيا شعبتي (و ، ز) فكانت من نصيب المدرسة الثانية. وبهذا أصبح عدد أفراد العينة (144) طالبة موزعات بصورة متساوية على الشعب المذكورة آنفاً.

قامت المدرستان بالتدريس، فالأولى تدرس بالطريقة القياسية والمدرسة الثانية تدرس بالطريقة الاستقرائية بعد أن تم الاتفاق على خطة موحدة في التدريس، وحل التمرينات تعدها كل واحدة منهما سلفا وفقا لطريقتها وبصورة مفصلة.

استمرت التجربة تسعة أسابيع، درست الطالبات خلالها الموضوعات المقررة في الكتاب المدرسي وهي (المبتدأ والخبر، وأن وأخواتها، وكان وأخواتها، والفاعل، ونائب الفاعل، والفعل الماضي، وفعل الأمر والفعل المضارع والمعرب، والمبني والأسماء الخمسة) وقد استخدمت المدرستان الوسائل التعليمية أنفسها وهي السبورة والكتاب المدرسي والطباشير الملون. وكانت الطالبات تحت ظروف واحدة من حيث وقت الدراسة وطبيعة الصف، وبيئة المدرسة وموقعها. وقد نظم الباحث بمعاونة إدارة المدرسة جدولاً خاصاً لتوزيع دروس قواعد اللغة العربية، فكان يوم الاثنين من كل أسبوع مخصصاً لشرح الموضوع، وكان يوم الثلاثاء مخصصا لحل التمرينات.

وفي نهاية التجربة أعد الباحث اختباراً تحصيلياً في الموضوعات النحوي التي درستها الطالبات خلال مدة التجربة. وكان الاختيار متسما بالصدق إذ عرضه على لجنة من المحكمين لبيان مدى صلاحيته، وتميز تصحيح الاختبار بالثبات، وقد جرى التصحيح في مدتين بفاصل زمني أمده أسبوعان.

أظهرت نتائج البحث أنه لا فرق ذا دلالة إحصائية بين الطريقتين عند مستوى (0.001).

وقد استخدم الباحث معامل ارتباط بيرسون لمعرفة معامل الثبات في التصحيح، كما استخدم الاختبار التائي لعينتين مستقلتين لمعرفة الفرق بين المتوسطين الحسابيين للعينتين.

◇ دراسة الدليمي ونجم

أجـرى طـه عـلي الـدليمي وكامـل محمـود نجـم دراسـتهما الموسـومة بـ (أثـر طريقتـي الـنص والتوليـف في تحصيل الطـلاب في قواعـد اللغة العربيـة) في كليـة التربيـة – جامعـة بغـداد.وكـان هـدف هـذه الدراسـة معرفـة أثـر طريقتـي الـنص والتوليـف في تحصيـل الطـلاب في قواعـد اللغـة العربيـة. وقـد اقتصرت على طلاب الصف الثاني المتوسط في مدنية بغداد.

اختار الباحثـان بطريقـة عشوائيـة أربـع متوسطات مـن مجمـوع (72) مدرسـة متوسـط في الكـرخ وفي الرصافة، فكانت متوسطة طارق بن زيادة في مدينة الشعلة، ومتوسطة الكاظميـة في مركز مدينـة الكاظميـة، ومتوسطة المجد العربي في مدينة العامل، ومتوسطة حمورابي في شارع الخلفاء.

تم اختيار أربعة مطبقين، درس اثنان منهم بطريقة النص في متوسطة الكاظمية ومتوسطة المجد العربي، ودرس الآخرين بطريقة التوليف في متوسطتي حمورابي وطارق بن زياد. وكان المطبقون الأربعة مـن الطلبـة البـارزين في اختصاصهم. والمحبين لمهنة التدريس، وكانوا متكافئين مـن حيـث معـدل الـدرجات في مـادتي النحو وطرائق التدريس. وقد التزم المطبقون بالخطط والتوجيهات التي وجه بها الباحثان، كما أنهم كانوا عـلى درجـة عالية من الثقة والالتزام بالدوام والتعليمات.

درّس كل واحد من المطبقين الأربعة شعبتين في مدرسته، وكان تـوزيعهم عـلى الشعب عشـوائيا إذ أن مديري المدارس أسندوا لكل واحد منهم مهمة القيام بتدريس شعبتين. وكان عدد الطلاب الذين درسوا بطريقة النص في أربع شعب في متوسطتين مختلفتين (156) طالبا، وكان عدد الطلاب الذين درسوا بطريقـة التوليـف في أربع شعب في متوسطتين مختلفتين أيضاً (130) طالباً.

استمرت التجربة خمسة أسابيع وهي المدة المحددة للتطبيق. وقد تمّ تدريس أربعة موضوعاته (جمع المذكر السالم، وجمع المؤنث السالم، وجمع التكسير، والأفعال الصحيحة والمعتلة) من الكتاب المقرر.

استخدم المطبقون الأربعة الوسائل التعليمية أنفسها، كما أن طلاب العينة كانوا تحت الظروف أنفسها من حيث الدوام وطبيعة الصف.

وفي نهاية التجربة قام الباحثان بوضع اختبار تحصيلي موضوعي في القواعد للموضوعات التي درسها الطلاب، وقد تميز الاختبار بالصدق إذ عرضه الباحثان على نخبة من المحكمين لبيان مدى صلاحيته. وتميز تصحيح الاختبار بالثبات إذ تم تصحيح الاختبار مرتين وبفاصل زمني مدة أسبوعان.

تمّ سحب (100) ورقة لـ (100) طالب بصورة عشوائية بمعدل (50) ورقة للنص، و (50) ورقة للتوليف. وتمّ تصحيحها بعد ذلك. وقد أظهرت نتائج البحث أن هناك فرقاً ذا دلالة إحصائية بين الطريقتين عند مستوى (0.01) وكان الفرق لصالح الطريقة التوليفية.

استخدم الباحثان معامل ارتباط بيرسون لقياس الثبات، والاختبار التائي (T-Test) لمعرفة دلالة الفروق.

◈ دراسة العزاوي

أجريت هذه الدراسة الموسومة بـ (أثر بعض الطرائق التدريسية في تحصيل طلاب المرحلة الإعدادية في قواعد اللغة العربية) في كلية التربية – جامعة بغداد.

هدفت الدراسة إلى معرفة أثر بعض الطرائق التدريسية (الاستقرائية والقياسية والنص) في تحصيل طلاب المرحلة الإعدادية في قواعد اللغة العربية والمقارنة بينها. وقد وضع الباحث عدة فرضيات صفرية(أي عدم اختلاف أثر الطرائق التدريسية الثلاث في تحصيل طلاب الصف الرابع الإعدادي في قواعد اللغة العربية). واقتصرت الدراسة على طلاب الصف الرابع الإعدادي.

حدد الباحث المدارس الثانوية والإعدادية للذكور التي يتكون الصف الرابع العام فيها من ثلاث شعب أو أكثر، فكان عدد المدارس عشرين مدرسة ثانوية وإعدادية. وقد اختار الباحث عشوائياً إعدادية الفرسان للبنين الواقعة في حي نواب الضباط قرب الكلية العسكرية من تلك المدارس. وقد وجب الباحث أن تلك الإعدادية تتكون من ثماني شعب للصف الرابع الإعدادي. واختيرت ثلاث شعب من الشعب الثمان بصورة عشوائية. فكان ميدان البحث من نصيب شعبة هـ ، ز ، ح) وقد بلغ مجموع طلاب العينة (102) مئة طالب وطالبين. درست شعبة (هـ) بالطريقة الاستقرائية وكان عدد طلابها (34) طالبا، ودرست شعبة (ز) بالطريقة القياسية وكان عدد طلابها (34) طالباً. ودرست شعبة (ح) بطريقة النص وكان عدد طلابها (34) طالباً. بعد أن استبعد الطلاب الراسبين، وقد كافأ الباحث بين المجموعات الثلاث في العمر الزمني ودرجة اللغة العربية في الصف الثالث المتوسط (البكلوريا)، ودرجة قواعد اللغة العربية في الشهر الأول للعام الدراسي 984/983، ودرجة الاختبار القبلي.

استمر إجراء التجربة سبعة أسابيع، وقام الباحث نفسه بتدريس المجموعات التجريبية الثلاث بعد أن أعد خططاً نموذجية خاصة بكل درس من دروس التجربة، كما أعد جدولاً لتوزيع الحصص المخصصة لقواعد اللغة العربية، فكان يوم الثلاثاء من كل أسبوع مخصصاً لشرح الموضوع، وكان يوم الأربعاء من كل أسبوع مخصصاً لحل التمرينات.

وفي نهاية التجربة أعد اختباراً تحصيلياً متسماً بالصدق الظاهري وصدق المحتوى إذ عرضه على لجنة من المحكمين لبيان مدى صلاحيته. وقد طبق الاختبار على عينة استطلاعية وكان عدد أفرادها (30) طالباً لمعرفة زمن الاختبار، ووضوح فقراته، ومدى قوة تمييز الفقرات، كما اتصف الاختبار بالثبات إذ طبقه على عينة استطلاعية مرتين بفاصل زمني لمدة عشرة أيام. وكانت موضوعات الاختبار هي (جمع المذكر السالم والملحق به، وجمع المؤنث السالم والملحق به، والأسماء الخمسة، والأفعال الخمسة، والفعل المضارع المعتل الآخر).

هدفت الدراسة إلى معرفة أثر أسلوبي تدريس اللغة العربية التكاملي والتقليدي في تحصيل طلاب الصف الأول المتوسط. ووضع الباحث عدة فرضيات صفرية.

اختار الباحث عشوائياً مدرسة واحدة من مدارس مركز محافظة بابل، البالغ عددها إحدى عشرة مدرسة للذكور. وكانت المدرسة المختارة ثانوية 17 تموز، واختار منها عشوائياً شعبتين من خمس شعب. بلغ عدد طلاب عينة البحث (62) طالباً بعد أن استبعد الراسبين.

كانت شعبة (أ) التي عدد طلابها (31) طالباً المجموعة الضابطة التي تدرس اللغة العربية بالأسلوب التقليدي أي (أسلوب الفصل بين فروع اللغة العربية). أما شعبة (ب) التي عدد أفرادها (31) طالباً فكانت (المجموعة التجريبية) التي تدرس اللغة العربية بالأسلوب التكاملي.

استمرت التجربة (9) أسابيع، إذ قام الباحث نفسه بتدريس المجموعة التجريبية بالأسلوب التكاملي، وقام بتدريس المجموعة الضابطة بالأسلوب التقليدي، بعد أن أعد الخطط التدريسية الخاصة بالأسلوبين. وكافأ الباث بين مجموعتي البحث في متوسط درجات جميع الدروس، ومتوسط درجة اللغة العربية في الامتحان العام للدراسة الابتدائية، ومتوسط أعمار الطلاب بالأشهر.

وفي نهاية التجربة أعد الباحث اختباراً تحصيلياً يشمل كل فروع اللغة العربية (القواعد، الإملاء، الإنشاء، المطالعة والنصوص). أما موضوعات القواعد التي درسها الطلاب خلال مدة التجربة فهي (المبتدأ، الخبر، بأنواعه، اسم كان، خبران، الفاعل، نائب الفاعل، وتقسيم الفعل من حيث الزمن، وأحوال بناء الفعل الماضي والأمر، والفعل المضارع إعرابه وبناؤه، والأفعال الخمسة). وكان الاختبار التحصيلي متسما بالصدق الظاهري وصدق المحتوى إذ عرضه على لجنة من المحكمين والمتخصصين. وتميز الاختبار بالثبات إذ طبقه على عينة استطلاعية مرتين بفاصل زمني أمده أسبوعان، وتميز تصحيح الاختبار بالثبات إذ تم التصحيح مرتين بفاصل زمني لمدة عشرة أيام.

وبعد تطبيق الاختبار التحصيلي على المجموعتين كانت النتائج كما يأتي:

1- تفوق المجموعة التجريبية على المجموعة الضابطة في اللغة العربية بفرق ذي دلالة إحصائية عند مستوى (0.001).

2- تفوق المجموعة التجريبية على المجموعة الضابطة في المطالعة والنصوص (الاختبار

الشفهي) بفرق ذي دلالة إحصائية عند مستوى (0.001).

3- تفوق المجموعـة التجريبيـة علـى المجموعـة الضـابطة في الإمـلاء بفرق ذي دلالـة إحصائية عنـد مستوى (0.05).

4- لم يكن هناك فرق ذو دلالة إحصائية بين المجموعتين في الإنشاء عند مستوى (0.05).

5- تفوق المجموعـة التجريبيـة علـى المجموعـة الضـابطة في قواعد اللغـة العربيـة بفرق ذي دلالـة إحصائية عند مستوى (0.01).

أما الوسائل الإحصائية المستخدمة فهي: الاختبـار التـائي (T-test) لمعرف الفـروق في التحصـيل ومعامـل ارتباط بيرسون لقياس الثبات.

◇ دراسة الخماسي

أجريت هذه الدراسة الموسومة بـ (دراسة مقارنة لأثر طريقتـي الاستقراء والقيـاس في تحصيل تلاميـذ الصف الخامس ابتدائي في قواعد اللغة العربية) في كلية التربية –جامعة بغداد.

هدفت الدراسة إلى معرفة أثر الطريقة الاستقرائية والقياسية في تحصيل تلاميذ الصف الخامس الابتدائي في قواعد اللغة العربية، كما هدفت إلى المقارنة في التحصيل بين التلاميذ والتلميذات. وقد وضع الباحث فضلاً عن الأهداف عدداً من الفرضيات الصفرية.

اقتصرت الدراسة على مدارس المركز المختلطة في محافظة النجف، وقد كان عددها سـبع مـدارس. اختـار الباحث منها مدرسـتين عشـوائياً، فكانـت الأولى مدرسـة العروبـة الابتدائيـة، وكانـت الثانيـة مدرسـة 7 نيسـان الابتدائية. ووجد الباحث أن المدرسة الأولى تحتوي علـى أربع شعب للصف الخامس الابتدائي، وأن المدرسـة الثانية تحتوي على ثلاث شعب. وقام عشوائياً باختيار شعبة واحدة من كل مدرسة. فكانـت الطريقـة القياسـية من نصيب شعبة (ج) في مدرسة 7 نيسان، والطريقة الاستقرائية مـن نصيب شعبة (د) في مدرسـة العروبـة. وبذلك أصبحت عينة البحث مكونة من (58) تلميذاً وتلميذة بعد أن استبعد الباحث التلاميـذ الراسبين. وقد كافأ الباحث المجموعتين في بعض العوامل الآتية:

1- درجة القواعد.

2- عمر الطالب.

3- الاختبار القبلي.

4- تحصيل الأبوين.

5- المستوى الاقتصادي.

استمرت التجربة (7) أسابيع وقام الباحث نفسه بتدريس المجموعتين بالطريقة الاستقرائية والقياسية. أعد خططاً خاصة بكل طريقة، ووضع جدولاً لتوزيع حصص مادة القواعد، فكان يوم الثلاثاء من كل أسبوع مخصصاً لعرض الموضوع وشرحه. ويوم الأربعاء من الأسبوع نفسه مخصصاً لحل تمرينات ذلك الموضوع. أما المادة الدراسية فكانت واحدة للمجموعتين وهي (إعراب الفعل المضارع، الأفعال الخمسة وإعرابها، الجر بالإضافة، الأسماء الخمسة، الصفة والعطف).

وفي نهاية التجربة أعد الباحث اختباراً تحصيلياً في الموضوعات التي درسها تلاميذ عينة البحث. وكان الاختبار متسماً بالصدق إذ عرضه على نخبة من المتخصصين والخبراء والمعلمين لمعرفة آرائهم في صلاحيته. وتميز الاختبار بالثبات إذ استخدم الباحث التجزئة النصفية لحساب الثبات.

وقد توصل الباحث إلى وجود فرق ذي دلالة إحصائية في التحصيل عند مستوى (0.05) بين الطريقتين لصالح الطريقة الاستقرائية. وتوصل إلى تفوق التلميذات على التلاميذ الذين درسوا بالطريقة الاستقرائية، كما توصل أيضاً إلى تفوق التلميذات على التلاميذ الذين درسوا بالطريقة القياسية.

استخدم الباحث الوسائل الإحصائية الآتية:

1- الاختبار التائي (T-Test) لعينتين مستقلتين.

2- معادلة بيرسون وسبيرمان لقياس الثبات.

دراسة كلوزر (klausor)

قام (كلوزر) بدراسة تجريبية استمرت سبعة أشهر، هدف فيها إلى مقارنة الطريقة التركيبية (Structural approach) بالطريقة التقليدية (Traditional approach) في تدريس قواعد اللغة الإنكليزية في إحدى المدارس الثانوية. وقد أجريت الدراسة في كلية مونت رويال في البرتا (كندا).

اتفق على تعريف القواعد (Grammar) بأنها "دراسة الجملة – مكوناتها، وأنماطها المستخدمة في الاتصال الواضح، والإشارات الضرورية لنقل المعنى المراد". وبعبارة أخرى أن القواعد يجب أن ينظر إليها لغويا على أنها سلوك، وليست أسلوباً (Etiquette).

ولما كانت الدروس قيد التخطيط كانت تدرس باستمرار وجهات النظر الأساسية، والفروق الأساسية بين الطرائق.

لقد انصبّ التأكيد- بالنسبة إلى المجموعة التي درست بالطريقة التقليدية -على تعريف الكلمات وتصنيفها. وقد استخدمت هذه التعاريف والتصنيفات بوصفها معايير لتشخيص الكلمات. أما المعنى في هذه الطريقة فكان يستخدم بوصفه مرشداً إلى تركيب الجملة الإنكليزية. وكانت التوجيهات الجاهزة هي ما يرشد الطلبة في دراستهم للغة (على أسلوب قل ولا تقل) وليس أسلوب الوصف.

قام الطلبة بتحليل جمل جاهزة، وكانوا يعلّمون علامات الترقيم من خلال دراسة قواعد، ومن خلال إعطائهم جملاً تبين تطبيق هذه القواعد.

إن الأسلوب المتبع ضمن هذه الطريقة هو أسلوب القياس (Deductive) وليس الاستقراء (Inductive) كما اتبعته الطريقة التركيبية.

أما بالنسبة إلى المجموعة التي درست بالطريقة التركيبية فقد كان الاهتمام فيها منصباً على (أنماط) الجمل. فقد صنفت الجمل بحسب أنماطها، أي موقع الكلمات في الجملة، وشخصت العبارات والجمل الثانوية على أساس تركيبها وموقعها. وباختصار كانت اللغة الإنكليزية

توصف فحسب. وكان التأكيد ينصب على ما تؤديه اللغة من وظيفة الاتصال من خلال تركيبها.

وكان الفرق الآخر بين الأسلوبين بالفرصة التي أعطيت لطلبة المجموعة التركيبية لتكوين جمل خاصة بهم على وفق المعادلات المقترحة، وليس على وفق الجمل الجاهزة المعطاة لهم.

كما جرى الانتباه إلى أهمية الإشارات الشفهية (الصوتية) في اللغة. ففي الوقت الذي كان يدرس الطلبة فيه علامات الترقيم كانوا ينبهون على أن يعوا الدور الذي تلعبه (نغمة الصوت) في معنى الجملة.

إن طرائق التدريس في الأسلوبين كانت متباينة، فكان التدريس على وفق الأسلوب التركيبي يجرى بطريقة استقرائية، باستخدام المجموعة التجريبية لكتاب (Patterns of English) إذ درست بهذه الطريقة بينما كان التدريس على وفق الأسلوب التقليدي يجرى بطريقة قياسية، باستخدام المجموعة الضابطة لكتاب (Building Better English) إذ درست بهذه الطريقة.

لخّص كلوز أهم نتائج دراسته بما يأتي:

1- تأسيساً على الاختبارات التي أعطيت حصل الطلبة في كلتا المجموعتين على تقدم ملموس في الإنجاز. ولم تكن هناك فروق ذات دلالة في الإنجاز الذي حصل لدى المجموعتين. لذلك نستطيع القول أن كلتا الطريقتين كانت فعالة.

2- في المرحلة التاسعة والسابعة كان الطلبة الذين درسوا بالطريقة التركيبية قد حققوا تحصيلاً أفضل من أولئك الذين درسوا بالطريقة التقليدية.

3- في المرحلة السابعة حقق الطلبة الذين درسوا بالطريقة التقليدية إنجازاً أفضل دقة في الكتابة من أولئك الذين درسوا بالطريقة التركيبية.

4- في المرحلة الثامنة والتاسعة بدت المجموعة التي درست بالطريقة التركيبية أكثر حماساً وانتباهاً من المجموعة التي درست بالطريقة التقليدية. وإن هذه النتيجة تم التوصل

إليها باستفتاء الطلبة أنفسهم، إذ كان يطلب من الطلبة إعطاء أسباب أخرى غير موجودة في الاستفتاء تبين مدى حبهم أو كرههم للقواعد. وكان بعض فقرات الاستفتاء النهائي يشمل القواعد لهذه السنة وكانت كما يأتي:

- أكثر إثارة من ذي قبل.
- الإثارة نفسها التي كانت عليها قبلاً.
- مملة.
- أسهل مما كانت عليه قبلاً.
- أصعب مما كانت عليه قبلاً.
- ليست أسهل أو أصعب مما كانت عليه قبلاً.

إن الإجابة عن هذا الجزء من الاستفتاء أشارت إلى أن ثلاثة وعشرين طالبا من بين خمسة وعشرين طالباً من طلبة المرحلة التاسعة ممن درسوا بالطريقة التركيبية، وجدوها أكثر إثارة من الطريقة التقليدية التي درسوا بها سابقاً، ولم يجد أحد منهم أن القواعد بحسب هذه الطريقة مملة، ووجد أربعة عشر منهم أنها أصعب مما كانت عليه قبلاً، ووجد ثلاثة منهم أنها أسهل مما كانت عليه قبلاً.

أما في المرحلة الثامنة فإن ثلاثة عشر طالباً من المجموعة التجريبية في مقابل سبعة من المجموعة الضابطة وجدوا أن القواعد أكثر لذة مما كانت عليه قبلاً. وإن ستة من المجموعة التجريبية وجدوها مملة، وأن تسعة من المجموعة التجريبية أيضاً وجدوها أصعب مما كانت عليه قبلاً.

5- في المرحلة السابعة كانت مواقف الطلبة في كلتا المجموعتين إيجابية نحو القواعد. وقد طلب الذين درسوا بالطريقة التركيبية أن يدرسوا بها في العام القادم.

6- إن المدرسين في المراحل الثلاث فضلوا كثيراً من خصائص الطريقة التركيبية، وعبروا عن رغبتهم في استخدامها، بعد إجراء بعض التعديلات.

دراسة (روبنسن Robinson)

قامت (Aurella Robinson) بدراسة استقصائية لطريقتين لتعليم القواعد هما الطريقة التقليدية، وطريقة التعليم المبرمج.

ذكرت الباحثة أن طريقة التعليم المبرمج بوصفها طريقة فعالة استخدمت في التربية، زيادة على استخدامها في التجارة والصناعة والحقول العسكرية. غير أن الدراسات تدل على أنها لم تستخدم بشكل متساو في جميع حقول التربية. فقد أشارت بعض المصادر إلى أن البحوث في هذه الطريقة كانت تجرى في حقول الرياضيات والعلوم والدراسات الاجتماعية، أكثر من إجرائها في العلوم اللغوية. وبسبب هذه الحقيقة كان هناك شعور بإجراء دراسات تستخدم طريقة التعليم المبرمج لتدريس القواعد في المدارس الثانوية. وقد أجريت الدراسة في جامعة أوكلاهاما.

صممت هذه الدراسة لتقرير فاعلية طريقتين مختلفتين في تدريس المهارات النحوية لطلبة المرحلة العاشرة، ولتقرير كون أداء هؤلاء الطلبة متساوياً في الاختبار الوطني (الوزاري) للتحصيل أم لا.

وقد بلغ عدد أفراد العينة ستة وخمسين طالباً وطالبة من طلبة الصف العاشر. واختارت الباحثة أربع وحدات من نص مبرمج وضع لهذا الغرض. وهذه الوحدات هي:

- الاستعمال الصحيح للأفعال.
- المطابقة بين الفعل والفاعل.
- اختيار النعت الصحيح.
- تعلم استعمال الفارزة.

استخدمت الباحثة اختبارات اللغة الإنكليزية المأخوذة من اختبارات التحصيل الوطنية (الوزارية). واستخدمت شكل (أ) بوصفه اختباراً قبلياً، وشكل (ب) بوصفه اختباراً بعدياً، وتضمن كلا الشكلين ستة أقسام و (110) فقرات.

أظهرت النتائج ما يأتي:

1- إن كلتا المجموعتين (التجريبية والضابطة) بغض النظر عن متغير الجنس لم تحققا تحصيلاً ذا دلالة في الأداء الإجمالي بين الاختبار القبلي والبعدي.

2- هناك فرق ذو دلالة لمصلحة الذكور في الأداء الإجمالي في الاختبار البعدي.

3- حصلت المجموعة التجريبية على درجات أعلى مما حصلت عليه المجموعة الضابطة في الاختبار البعدي.

4- تحققت زيادة في معلومات الذكور والإناث في علامات الترقيم، ومع ذلك كان الفرق ذا دلالة في أداء الذكور في الاختبار البعدي، بينما لم يظهر فرق في أداء الإناث في الاختبار نفسه.

5- وفيما يخص علامات الترقيم أيضاً كانت طريقة التعليم المبرمج أكثر فاعلية في تعليم الذكور، ولم يكن هناك فرق بين الطريقتين في تعليم الإناث في هذا المجال.

◈ دراسة مولكاهي (Mulcahy)

قام (Mulcahy) بدراسة قارن فيها بين الطريقة التقليدية، والطريقة المستندة إلى علم اللغة الحديث في تدريس قواعد اللغة الإنكليزية والتعبير والإنشاء في السنة الأولى الجامعية في ولاية (Oklahoma) الأمريكية.

كان الهدف من هذه الدراسة مقارنة طريقتين مختلفتين في تدريس القواعد والإنشاء، واختبر الباحث فرضيتين لمعرفة تأثير الطريقتين في تعلم الموضوعين المذكورين.

اختار الباحث شعبتين من طلبة السنة الأولى في قسم اللغة الإنكليزية ممن سجلوا على (فصل) في قواعد اللغة الإنكليزية والإنشاء. وبلغ عدد أفراد المجموعة التجريبية أربعين فرداً، وكان عدد أفراد المجموعة الضابطة ستة وثلاثين فرداً.

أعطى الباحث اختبارين في القواعد، اختباراً قبلياً، نمط (أ) في بداية الفصل الدراسي واختباراً بعدياً نمط (ب) في نهاية الفصل.

أما الإنشاء فقد اختار الباحث فيه سبعة موضوعات، وطلب من أفراد العينة في كلتا المجموعتين (التجريبية والضابطة) أن يكتبوا فيها خلال الفصل الدراسي الذي أجريت فيه التجربة. وقد استخدمت الطريقة المقننة لإعطاء الدرجات للموضوعات الإنشائية لغرض إعطاء قيم عددية لكل موضوع. وقد عد الموضوع الأول معياراً قبلياً، والموضوع الأخير بعديا زيادة على استخدام معايير أخرى خلال مدة التجربة.

وبتحليل الفروقات لاختبار الفرضيتين، وبضبط التباين بين المجموعتين، أظهرت نتائج الاختبار أن المجموعة التجريبية التي درست بالطريقة المستندة إلى علم اللغة الحديثة حصلت على نتائج عالية في كلا الحقلين (القواعد والإنشاء) قياسا بما حصلت عليه المجموعة الضابطة التي درست بالطريقة التقليدية.

aA

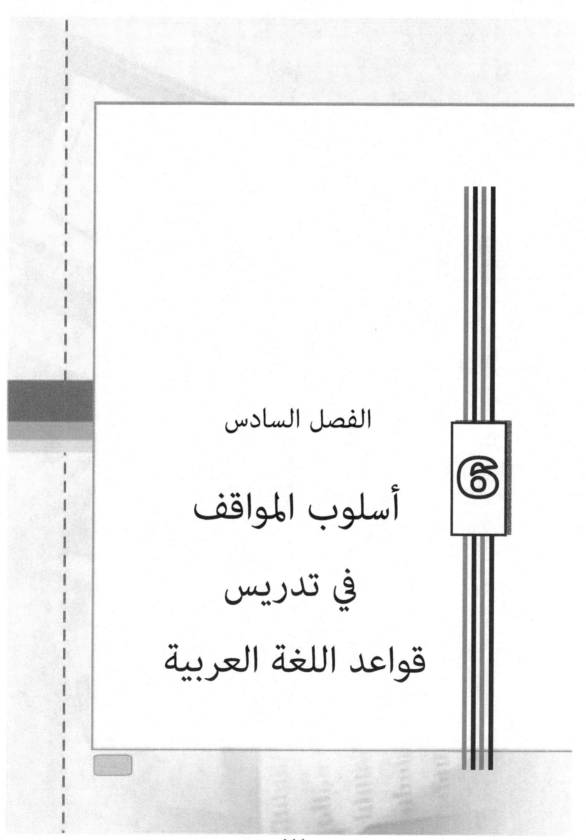

6

الفصل السادس

أسلوب المواقف في تدريس قواعد اللغة العربية

الفصل السادس
أسلوب المواقف في
تدريس قواعد اللغة العربية

تمهيد

"ترجع أصول هذا الأسلوب إلى العشرينيات والثلاثينيات وكان (Palmer) و(Hornby) من الرواد الأوائل حيث وضعا الأساس المنهجي للمبادئ والإجراءات التي يمكن أن تستخدم لانتقاء وتنظيم محتوى الكتاب المدرسي".

وقد أكد (Hornby) في تعليم اللغة بأسلوب المواقف "ضرورة استخدام الصور حيث أن النص المكتوب في الكتاب المدرسي لا يفي باستعمال اللغة بشكلها المنطوق، ولأن الصورة تستطيع أن تخلق مواقف جذابة يمكن بوساطتها إثارة وخلق مواقف ملائمة للتدريب الشفوي المكثف. وأكد أن يقوم المعلم نفسه بعمل الصورة لأنها تعطيه مرونة في اختيار الموضوع الذي يتحدث فيه أكثر من المصنوعة تجارياً، والأفضل استخدام الصور التي تكون قصة متكاملة، إذ يقوم المعلم أولاً بسرد القصة مع الإشارة إلى الصور المتسلسلة، ثم بعد ذلك يطرح أسئلة عن الصورة".

إن أسلوب المواقف التعليمية يتطلب من المعلم اختيار المواقف التي تتناسب وميل التلاميذ وحاجاتهم واهتماماتهم. وهذه المواقف يجب ألا تكون بعيدة عن إدراك التلاميذ، فهي مواقف تقع ضمن مدركاتهم من خلال المشاهدة، أو السماع أو العيش في الحياة اليومية في البيت أو الشارع، أو الجو المدرسي. فهي مواقف محسوسة وسهلة ومحببة إلى نفوسهم كي تستثير دوافعهم، وتجلب الفرحة والسرور إلى نفوسهم، وترغبهم في مشاركة المعلم خلال عرضه للموضوع بأسلوب المواقف. فالمحيط وما هو موجود فيه من وسائل معينة كلها تساعد

التلاميذ على استخدم مفردات لغوية كثيرة تساعدهم في تكوين العبارات المناسبة والجميلة. ولم يقتصر ذلك على المعلم والتلميذ فقط بل لا بد أن يكون المنهج محببا إلى نفوس التلاميذ من خلال الجمل والعبارات التي يحتوي عليها، والتي تربط التلاميذ بواقع حياتهم اليومية.

فأسلوب المواقف أسلوب قائم على الأشياء الحسية المشوقة للتلاميذ، التي تكون لديهم دافعاً قوياً لمتابعة الدرس مع المعلم، ومشاركته في العرض مشاركة فعالة، وبعد ذلك يتمكن المعلم من النفوذ إلى القاعدة النحوية. وبهذا الأسلوب سيخفف المعلم التعليم على تلاميذه، ويتوصل مع تلاميذه إلى فهم الموضوع والقاعدة بشكل يكاد يكون محسوساً بعيداً عن عرض القاعدة وتفسيرها بصورة مجردة.

وهذا الأسلوب استخدم في تعليم اللغات الأجنبية من خلال تصميم المواقف الحياتية اليومية، إذ لم يكن في اللغة الأجنبية -وهي تستخدم هذا الأسلوب- موضوع نحوي بنفسه، فالتلميذ من خلال ممارسة المواقف المستمرة تتضح لديه القواعد النحوية التي جعلت الجملة صحيحة ومضبوطة.

وهذا الأسلوب يتطلب كتابة الخطة قبل العرض لكي يتمكن المعلم من التفكير بالمواقف التي تخدمه عند عرض الموضوع وتعليمه للتلاميذ.

وقال (Hornby) مؤكداً أهمية هذا الأسلوب في تعلم النحو: (إننا نحتاج اللغة للتعبير عماي واجهنا من مواقف الحياة، ولذلك ينبغي أن تعلم اللغة عن طريق استخدام المواقف بوصفها مدخلاً أو نقطة انطلاق لهذا التعليم.

وقد استخدم أسلوب المواقف في الدرس النحوي في اللغات الأجنبية، إلا أنه يختلف عما ندعو إليه. (إذ اتجهت الأفكار الحديثة في تدريس النحو باتجاه التخلص من التعابير الفنية النحوية المعقدة، والاعتماد على الممارسة العملية للأشكال اللغوية كلاماً وكتابة، واستبعاد استظهار القواعد النحوية الجامدة).. وقد أشار (Eilkins) إلى "أن مفردات القواعد تشكل الإطار لمعظم عملية تدريس اللغة الأجنبية، وقد حصل عدم رضا فيما يخص اكتساب اللغة عن طريق تدريس القواعد، وهذا غير مناسب لحاجات المواقف اليومية. ولذلك ليس من

114

المدهش أبداً أن تتخذ البدائل المقترحة بشكل عام المواقف اليومية نقطة بداية لبناء مفردات منهج المواقف اليومية بدلاً من مفردات القواعد. إن مفردات المنهج من النوع الآخر هي التي تشكل الأساس لبناء المادة التعليمية... فإن اللغة دائماً تستعمل في سياق اجتماعي ولا تفهم كلياً بغير الإشارة إلى الإطار الاجتماعي. إن اختيارنا للتراكيب اللغوية ربما يكون مقيداً وفقا لسمات معينة للموقف الاجتماعي، وعلى كل حال نحتاج إلى اللغة كي نستعملها في المواقف التي تواجهنا. فبدلاً من توجيه التعلم إلى الموضوع ومحتواه علينا أن نأخذ بعين الاهتمام المتعلم وحاجاته. فيجب علينا أن نتصور ابتداء أو نتوقع ابتداء المواقف التي يحتمل أن يحتاج إليها المتعلم، وبعدئذ نعلم اللغة الضرورية للتعبير بها عن تلك المواقف. إن هذا سيكون عملية مفيدة لأنها سوف تشمل ما له علاقة بالمتعلم فقط، وسوف تكون أكثر دافعية لأن المتعلم هو المركز وليس الموضوع، وبهذا يتلاشى التمييز بين اللغة للتعلم، واللغة للاستعمال وبهذا سوف تحمل مفردات المنهج للمواقف اليومية أسماء تدل على المواقف اليومية، وليس على أساس المواضيع النحوية... فالمحتوى الدقيق للمنهج سيتألف من مجموعة من المواقف اللغوية ووصف للمحتوى اللغوي لكل موقف من هذه المواقف. إن مفردات منهج المواقف حقيقة واقعة. وتتألف من وحدات تعليمية مع عناوين مثل في دائرة، شراء بطاقة مسرح، السؤال عن الطريق وهكذا... إن التفاعل اللغوي الذي يحدث له علاقة وثيقة بالموقف نفسه، وستكون هناك صيغ نحوية ومفردات يمكن أن تقع كثيراً فيما يمثل هذه الأنواع من الحدث اللغوي... وعلى الرغم من كون المواقف التعليمية مفيدة أحياناً فإنها لا يمكن أن تعطي حلاً عاما لمشاكل تصميم المفردات".

لقد بنيت طريقة المواقف على النظرية التعليمية التي هي نظرية لعلم العادات السلوكية التي توجه اهتمامها إلى عمليات التعليم أكثر من شروط التعلم. فقد بين (Palmer) إن هناك ثلاثة عمليات في تعلم اللغة، وهي تسلّم المادة، وتثبيتها في الذاكرة عن طريق التكرار، واستعمالها في التمرين الفعلي إلى أن تصبح مهارة شخصية. كما يرى (Fronch) إن تعلم اللغة هو عبارة عن تكوين عادات... إن معاني الكلمات والتراكيب النحوية في طريق

المواقف لا تعطى من خلال الشرح سواء أكان باللغة الأم أم كان باللغة الأجنبية. وإنما تستقرى من خلال استعمال الصيغة في موقف.

ومن تلك المواقف ما يقدم في تعليم اللغة الإنكليزية لتلاميذ المرحلة الابتدائية، فهي مواقف يومية حياتية مشتقة من محيط أو بيئة التلاميذ وتستند إلى قواعد اللغة الإنكليزية التي يتعلمها التلاميذ بصورة غير مباشرة من خلال النطق السليم، وتكوين الجمل والعبارات اللغوية، ومثال ذلك مواقف الدرس الثامن الذي يحمل عنوان (الحديث عن العلاقات العائلية) (Talking about Family relation ship) ويتضمن السؤال والجواب عدد أفراد العائلة، وصلة التلميذ بكل واحد منهم كالأب والأم والأخت والابن ونوع الجنس والتصنيف العائلي.

Mr. Scott has a son and two daughters

ونلاحظ أنه يستخدم (has) ليعبر عن الملكية المفردة.

وهناك موقف آخر عن العالم الذي يعيش فيه التلميذ أو العالم الذي يحيط به ومنه:

1-   Can you find the united states on the map?

2-   Is Asia a country or a continent?

فكلمة (can) أو (is) أداة لسؤال يجيب عنه التلميذ لغويا بشكل قاعدي مختصر بكلمة (yes, I can) أو (No, I can't).

وهناك موقف آخر مستند إلى العلوم الصرفية كقيادة السيارة لتوسيع أفق التلاميذ ومداركهم.

1-   He got in the car.

2-   He put the key in the ignition

    Which he got in the car, he put the key in the ignition.

فنلاحظ هنا أن كلمة (when) هي أداة ربط للجملتين. وبهذا نرى أن التلميذ يدرس القواعد بصورة غير مباشرة في هذا المثال العلمي.

116

وفي هذا الصدد يقول الحماش: "إن الكتب الحديثة في تعليم اللغات الأجنبية صممت بطريقة تضمن حدا أقصى من الممارسة العملية للأنماط اللغوية وللتعابير الحية الصحيحة. وجرى حصر وشرح القواعد اللغوية والنحوية في كتاب دليل المعلم، وحجبت عن الطالب بشكل تام، ولا سيما في المراحل الأولى من تعليم اللغة الأجنبية".

فأسلوب المواقف التعليمية في تدريس القواعد لتلاميذ المرحلة الابتدائية يتجلى في البدء بقواعد عملية وحسية، والسير شيئاً فشيئاً من تلك القواعد إلى ما هو أكثر تحليلاً وتعميماً منها. وبذا يتمكن التلاميذ من فهم القواعد العامة للغة والإحاطة بصورة تدريجية.

وكثيراً ما تأخذ الأعمال المحسوسة والإجراءات الإدراكية لدى تلاميذ المرحلة الابتدائية صفة التماسك والثبات، التي تؤدى بدورها إلى اتساع المجال المعرفي لديهم.

لقد أراد المجددون أن يهجروا تعليم القواعد القائم على التمثيل بعبارات لا تحمل في طياتها من صور الحياة شيئاً ذا شأن مثل (جاء زيد)، (وضرب زيد عمراً)، فاتجهوا إلى الزهرة وتغريد الطيور واللعب، وما يدور في محيط التلميذ وغيرها من الأمثلة التي لها مقدار من الصلة بالحياة، ولها القوة في إثارة شوق التلميذ واهتمامه. فالتشويق من الأسس المهمة التي يقوم عليها أسلوب المواقف التعليمية عند تدريس القواعد للتلاميذ لما له من شأن في التربية، فهو من أقوى دعائمها، وسر من أسرار النجاح في التعليم، إذ يذلل صعاب التعلم، وييسر سبله للمتعلم، ويعاون المعلم على القيام بعمله في يسر وسهولة. وللتشويق صلة بالمحاكاة، إذ إن الطفل يحاكي ما يشوقه إذا ترك على الفطرة والسجية. وبذا يكون التشويق حادياً ومحفزاً للمحاكاة وموقظا لنشاطها.

وللتشويق صلة بالوجدان (فالتشويق في صميمه وجدان، لأن الإنسان حين يحسّ أن الشيء شائق يشعر بأن باعثاً يجتذب إليه انتباهه فيقبل عليه ويلبي داعيه). كما أن للتشويق صلة بالإرادة (فهو الذي يقودها، وهو السبيل على الوصول إليها كما يقول هربارت).

إن الأسباب التي توقظ شوق التلاميذ عند استخدام أسلوب المواقف. هو إن هذه الطريقة تقدم للتلميذ شيئاً جديداً مشابها للمألوف، وتجعل التلميذ محوراً للتفسير والشرح،

أساليب تدريس قواعد اللغة العربية

وتبدأ بالاستعانة بالميول الفطرية ثم التدرج في ربط الحقائق بها. وتتجلى فيها ميول التلميذ وشخصيته من خلال الاهتمام بأن تكون الأمثلة أو المادة التي تعالجها مرآة تنعكس عليها نفس التلميذ، وتسير مع الكتاب المدرسي جنبا إلى جنب لتحقيق الأهداف المرجوة من المادة الدراسية.

ويؤكد أسلوب المواقف -كما أكدت جميع الطرائق الأخرى- استخدام الطباشير الملون لأن تباين الألوان في تعدد قواعد المادة يخفف من عناء العرض، ويساعد على تثبيت المادة في الأذهان. وكذلك يؤكد جمال الخط الذي يحمل الطالب إلى لطافة النظر فيه فيمكنه من معرفة ما تضمه سطور هذا الخط من معاني قواعد اللغة.

فأسلوب المواقف ينتزع الأمثلة من واقع التلاميذ ومن محيطهم، ولا يعني ذلك إن ما هو موجود من خلال العرض في الكتاب المقرر بعيد عن محيط التلاميذ، إلا أن تحويل الألفاظ الواردة إلى ألفاظ يعيشها التلاميذ وتكون أمام حواسهم وتنتزع من البيئة التي يعيشونها ستكون أدعى إلى قبول المادة، ووصولها إلى أذهان التلاميذ بشوق ورغبة، وهذا ما يخلص التلاميذ من عسر فهم قواعد اللغة العربية بصورة خاصة.

فأسلوب المواقف يعتمد على الوسائل المادية الحسية، وهذه الوسائل يكون اعتمادها في التوضيح قائما على حاسة البصر، ومنها ما يعتمد على البصر وحاسة أخرى كاللمس أو الذوق أو الشم أو السمع.

وكذلك يعتمد على الوسيلة المعنوية غير المادية "ونعني بها الوسيلة اللغوية والتعبيرية، من سوق الأمثلة، وبيان المشابهة، وعقد الموازنة وقص القصص، والوصف، والتفسير، والشرح".

إن الوسيلة المادية الحسية، والوسيلة المعنوية غير المادية تشكلان لغة المواقف. فالمعلم لا بد أن يستخدم الإشارات والتعبيرات في أثناء استخدامه للغة اللفظية، ولا بد أن يستخدم الألفاظ في أثناء استخدامه لأية وسيلة مادية حسية (اللغة غير اللفظية). وللمعلم مداخله المتعددة في التنسيق بين اللغتين لبناء لغة المواقف.

مزايا أسلوب المواقف التعليمية

لأسلوب المواقف التعليمية مزايا عدّة، وسنتطرق إلى المزايا الأساسية لهذا الأسلوب كما تعكسها الأدبيات المتصلة به، وهي كما يأتي:

1- إن أسلوب المواقف التعليمية بوصفها مفردات منهجية (situation of Syllabus) يقوم أساساً على التصور السابق لمواقف الحياة التي تستدعيها حاجات التلاميذ اليومية. وفي هذا الصدد يقول (Wilkins): "إن مفردات منهج المواقف في تدريس النحو قد لا تكون بديلاً مقبولاً لمفردات منهج النحو التقليدية، إلا إذا عكست مواقف حقيقية نافعة يحتاج إليها التلاميذ في الحياة اليومية".

ويقوم أسلوب المواقف التعليمية بوصفه أسلوباً تدريسياً على استخدام تلاميذ المدرسة الابتدائية للنحو من خلال التعبير عن تلك المواقف، مما يساعدهم تدريجياً على التعبير عن أنفسهم في مواقف الحياة اليومية. وعلى هذا يمكن أن نعد هذا الأسلوب في تعليم اللغة لأطفال المدرسة الابتدائية مرحلة انتقال من مرحلة استظهار تراكيب لغوية غير مترابطة، والتركيز على اللغة بوصفها قواعد نحوية فقط، إلى مرحلة تأكيد الوظيفة الاجتماعية للغة، واستخدام اللغة لغرض تنمية كفاية التلميذ في التفاعل والاتصال الاجتماعي.

وفي ضوء ما أسلفنا يمكن القول أن استخدام اللغة من أجل تنمية فاعلية التلاميذ على التعبير عن المواقف التي تواجههم في الحياة والمجتمع يعني أننا نعد المهارات اللغوية جانباً للمهارات الاجتماعية التي تنطوي عليها عمليات التفاعل والاتصال الاجتماعي. (Language Skills as Social Sills)

2- يجعل التلاميذ محور التركيز والاهتمام فهو يعمل على إشراك جميع تلاميذ الصف في التعبير عن المواقف بجمل تخدم موضوع الدرس، وذلك بمساعدة معلميهم.

3- يثير في المتعلم الدافعية نحو المادة العلمية وفهمها، فالتلميذ لا يتعلم إلا إذا كان مهتماً اهتماماً شديداً، ولن يكون مهتماً إلا إذا كان مدفوعاً بدافع قوي فينتبه، ويفكر

ويعمل فيتعلم. "فالدوافع هي المحرك لسلوكه والوسيلة إلى تعلمه، فكما أن الآلة لا تدور بغير محرك، لا يتم التعليم بغير دافع. فالدافع شرط من شروط التعلم وهو الذي يسهله وييسر تحقيقه".

4- يستخدم اللغة اللفظية واللغة غير اللفظية من أجل صياغة الأمثلة الصحيحة التي تتلاءم هي والموضوع النحوي المراد تدريسه، واللغة غير ا للفظية تتمثل بالمعينات التعليمية وتتضمن "المواد التي لا تعتمد أساساً على القراءة واستخدام الألفاظ والرموز لنقل معانيها وفهمها بل هي مواد يمكن بها زيادة جودة التدريس، وتزويد التلاميذ بخبرات تعليمية باقية الأثر".

5- تتفق خصائص أسلوب المواقف التعليمية التي تطرقنا إليها هي واتجاهات الفكر الفلسفي التربوي المعاصر، وتنسجم وأسس علم النفس المعاصر ومفاهيمه. فهذا الأسلوب التعليمي يستند إلى منطق واقعي يؤكد الترابط والتفاعل بين المهارات اللغوية والمهارات الاجتماعية، وذلك من أجل تنمية كفاية التلاميذ للتعبير عن أنفسهم في كثير من مواقف المعايشة والاتصال الاجتماعي. وفي هذا الصدد يقول (Hornby) أحد أبرز رواد هذا الأسلوب وقد أشرنا إلى هذا الرأي سابقاً: "إننا نحتاج إلى اللغة للتعبير عما يواجهنا من مواقف الحياة، ولذلك ينبغي أن نعلم اللغة عن طريق جعل المواقف مدخلاً، ونقطة انطلاق لهذا التعليم".

إن تأكيد كون اللغة أداة اجتماعية أي ذات وظيفة اجتماعية يشكل في يومنا الحاضر أبرز الاتجاهات المعاصرة في تعليم اللغات القومية. ومن العوامل التي ساعدت على ظهور هذا الاتجاه وانتشار ازدياد الوعي بأهمية الاتصال اللغوي الفعال لدراسة شؤون الإنسان المعاصر ومشاكله.

يزداد على هذا أثر الفلسفة البراكماتيكية أو فلسفة الذرائع في الاتجاه السالف الذكر لأن "وظيفة التعليم الرئيسة في البراكماتيكية تمكين الفرد من التكيف مع المجتمع الذي يعيش فيه، وإمداده بالوسائل أو الـذرائع التي تساعده على ذلك. ومن الوسائل أو الذرائع اللغـة بفنونها الأربعـة. وقد انعكـس هـذا كلـه عـلى الحيـاة المدرسية، فأصبح الاتصال الحقيقي هو لب أي برنـامج لتعليـم فنـون اللغـة، فلـيس تعلـم اللغـة مجـرد حفظ مجموعة من الكلمات والتراكيب أو مجموعة من المبادئ والقواعـد، وإنمـا هـو اسـتخدام فعـال لكلـمات اللغـة وتراكيبها وقواعدها في المواقف الاجتماعية المختلفة".

إن أسلوب المواقف التعليمية يتفق واتجاهات علم النفس المعاصر الذي يؤكد أن أغلبية أطفـال المدرسـة الابتدائية يتعلمون بشكل مجز من خلال الأشياء والمواقف المحسوسـة (Concerts Situation)، وهـذا مـا أشـارت إليه دراسات جان بياجيه وبلدوين وإيزاكس ولورا وجيروم برونر.

aA

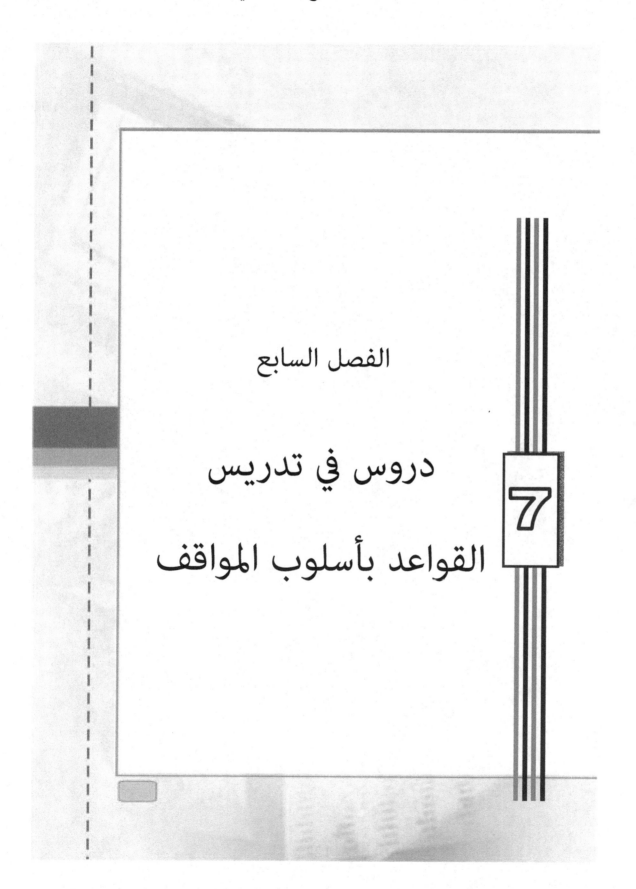

الفصل السابع

7

دروس في تدريس القواعد بأسلوب المواقف

الفصل السابع
دروس في تدريس
القواعد بأسلوب المواقف

الدرس الأول

أقسام الكلام (الاسم والفعل والحروف)

الهدف العام

تدريب التلاميذ على فهم الكلمات والجمل والتركيب، وتلمس ما بينها من فروق من خلال تمكينهم مـن قواعد اللغة العربية، ليستطيعوا التعبير السليم عن معان تطرح عليهم، وذلك لأهميتها وشدة تأثيرها في سـلامة المنطوق والمكتوب، ليتمكن السامع والقارئ من الفهم الصحيح، والمعنى الواضح من غير لبس أو غموض.

الهدف الخاص

جعل التلميذ قادراً على:

1- أن يذكر أقسام الكلام.

2- أن يعطي مثالاً لكل قسم من أقسام الكلام.

3- أن يعرّف الاسم والفعل والحرف.

125

أساليب تدريس قواعد اللغة العربية

خطوات الدرس

أولا: عرض الدرس بالمواقف.

أ. تدريس الاسم:

اجعل أحد التلاميذ واقفاً، واسأله ما اسمك؟ يقول: اسمي محمد، وآخر: اسمي علي، وأخرى: اسمي سعاد. أشير على المديرة وهي واقفة في حديقة المدرسة. وأقول: من الواقف في الحديقة؟ تلميذ: المديرة واقفة في الحديقة. بعد ذلك أقوم بتدوين بعض الجمل على السبورة، واضع خطا بطباشير ملون تحت الاسم، ولتكن الجمل هي:

(1) اسمي محمدٌ

(2) اسمي سعادُ

(3) المديرةُ واقفةٌ في الحديقةِ

أوجه سؤالاً: هذه الأسماء المكتوبة على السبورة التي وضعت تحتها خطوطاً أتدل على مسميات إنسان أم حيوان أم نبات؟ وبعد مناقشة التلاميذ يتوصل أحد التلاميذ إلى القول: إن هذه الأسماء تدل على مسميات إنسان.

اعرض صوراً لبعض الحيوانات المألوفة في محيط التلاميذ مثل صورة (كلب، حصان، قطعة، حمامة)، واطلب من التلاميذ أن يعطوني اسم هذا الحيوان الموجود في الصورة مع وصف بسيط له. فالأول يقول: كلب، الكلب وفيّ، الثاني يقول: حسان، الحصان قوي، والثالث يقول: قطة، القطة أليفة، والرابع يقول: حمامة، الحمامة طير جميل. أقام بتدوين الجمل على السبورة واضع خطاً بطباشير ملون تحت أسماء الحيوانات، فتكون الجمل كما يأتي:

(1) الكلبُ وفيٌّ

(2)القطةُ أليفةٌ

(3) الحمامةُ طيرٌ جميلٌ.

اسأل التلاميذ، هل هناك فرق في مسميات كلمات المجموعة الأولى ومسميات كلمات المجموعة الثانية وبعد مناقشة التلاميذ تتوصل إحدى التلميذات إلى القوال: نعم هناك فرق فالمجموعة الأولى تدل على مسميات إنسان، والمجموعة الثانية تدل على مسميات حيوان.

اجلب معي برتقالة وتفاحة، واعرضها الواحدة تلو الأخرى، واطلب من التلاميذ أن يخبروني عن اسم كـل واحدة منها مع وصف بسيط لكل منها. فيقول أحد التلاميذ: برتقالة، البرتقالة لذيذة، تلميذ آخر يقول: تفاحـة، التفاحة حمراء. أشير إلى حديقة المدرسة، وفيها شجرة عالية، فأقول: ما اسم تلك الشجرة؟ تلميذة: نخلة، شجرة عالية. فتتكون لدى الجمل الآتية:

(1) البرتقالةُ لذيذةٌ.

(2) التفاحةُ حمراءُ.

(3) النخلةُ شجرةٌ عاليةٌ.

أوجه السؤال الآتي: أتدل هذه الأسماء على مسميات إنسان أم حيوان أم نبات؟ وبعـد مناقشـة التلامـيذ، يتوصل أحد التلاميذ إلى القول: إن هذه الأسماء تدل على نبات.

أشير إلى الرحلة والشباك والسبورة والباب والجدار والسقف وأرض الصف، واطلب من التلاميذ أن يذكروا مسميات الأشياء التي أشرت إليها مع وصف بسيط لها. فتكون الإجابة من التلاميذ بما يأتي:

(1) الرحلةُ جديدةٌ.

(2) الشباكُ مغلقٌ.

(3) أرضُ الصفِّ نظيفةٌ.

أوجه السؤال الآتي: هل هناك فرق في مسميات المجموعة الأولى والثانية والثالث والرابعة؟ فيجيـب أحـد التلاميذ: نعم يا أستاذ هناك فرق بين المجموعات فالأولى تدل على مسميات إنسان والثانية تدل على مسميات حيوان والثالثة تدل على مسميات نبات أما المجموعة الرابعة فلا أعرفها. بعد ذلك أوجه السؤال إلى تلميذ آخر وآخر، وإذا لم أحصل على الإجابة الصحيحة أقوم بمساعدتهم وأقول لهم: التلاميذ كلا فأقول: إن الـذي لا يتحـرك بنفسه ولا يتنفس ولا يأكل ماذا نسميه؟ تلميذ: نسميه غير عاقل، آخر: غير حي، آخر: ميت فأقول لهم: نسميه جماداً وكذا الحال بالنسبة لكلمة الشباك وأرض الصف.

إذن فعلى كم قسم يقسم الاسم؟ فيجيب تلميذ: يقسم الاسم على أربعة أقسام. أقول: ما هي تلك الأقسام؟ تلميذ: اسم إنسان، آخر: اسم حيوان، آخر: اسم نبات، آخر: اسم جماد. بعد ذلك أقول لهم: الاسم هو كلمة يسمى بها أي شيء من إنسان كمحمد، أو حيوان ككلب، أو نبات، كتفاح، أو جماد كرحلة.

ب- تدريس الفعل:

اجلب معي قدح ماء ثم أملؤه وأجعل أحد التلاميذ يشرب الماء، وبعد أن ينتهي التلميذ - وليكن محمداً- من شرب الماء أقول لهم: ماذا فعل محمد؟

وبعد مناقشة التلاميذ يتوصل أحدهم إلى القول: شَرِبَ محمدٌ الماءَ.

أقدم تفاحة إلى أحد التلاميذ وأطلب منه أن يشرع بأكلها أمامهم، وفي أثناء عملية الأكل من التلميذ وليكن أحمد أقول لهم: ماذا يفعل أحمد الآن، تلميذ: يأكل أحمد التفاحة، وفي أثناء الشرح أقول للمراقب ضع الطباشير في الصندوق:

أقوم بعد ذلك بتدوين تلك الجمل على السبورة فتتكون لدى الجمل الآتية:

1. شَرِبَ محمدٌ الماءَ.
2. يأكلُ أحمدُ التفاحةَ.
3. ضعِ الطباشيرَ في الصندوقِ

أناقش التلاميذ وأقول لهم: هل تختلف هذه الكلمات التي تحتها خطوط عن الكلمات المجاورة؟ فيتوصل أحد التلاميذ إلى القول: الكلمات المجاورة تدل على اسم إنسان أو حيوان أو نبات أو جماد. أما هذه الكلمات فلا تدل على شيء مما قلناه. إذن علام تدل؟ تلميذ: لا أعرف تلميذ آخر وآخر ولكي أساعدهم على الإجابة أقول لهم: هل الشرب عمل أو حدث أو شغل يقوم به شخص؟ فيقول معظم التلاميذ: نعم يا أستاذ فهو عمل. فأقول لهم: إذن كل كلمة تدل على حصول عمل أو شغل أو حدث في زمن معين تسمى فعلاً. وكذا الحال في الأفعال الأخرى. من منكم يقرأ الكلمات التي تدل على حصول عمل أو حدث أو شغل في زمن معين؟ أحد التلاميذ: يأكل، وآخر ضع. إذن ما الفعل يا فراس؟ الفعل: هو كل كلمة تدل على حصول عمل في زمني معين.

جـ- تدريس الحرف

اطلب من المراقب أن يذهب إلى الإدارة ليجلب لنا الطباشير، وبعد أن يجلبه اطلب منه أن يضعه في الصندوق. وبعد ذلك اطلب منه الجلوس في مكانه. وعندها اطلب من التلاميذ تحويل تلك المواقف التي يقوم بها المراقب إلى جمل مفيدة وبعد مناقشة التلاميذ يتوصل أحد التلاميذ إلى القول: ذهب المراقب إلى الإدارة ليجلب الطباشير. تلميذ آخر يقول: وضع المراقب الطباشير في الصندوق، وتلميذ آخر يقول: جلس المراقب على الرحلة. فأقوم بكتابة الجمل على السبورة مع وضع خط تحت الحرف، وبذا تتكون لديّ الجمل الآتية:

1.   ذهَبَ المراقب إلى الإدارةِ.

2.   وضع المراقبُ الطباشير في الصندوقِ.

3.   جَلَسَ المراقبُ على الرحلةِ.

ولنأخذ الجملة الأولى فأوجه السؤال الآتي إلى التلاميذ: هل تعرفون نوع هذه الكلمات في الجملة؟ وبعد مناقشة التلاميذ يتوصل أحدهم إلى القول: ذهب فعل، تلميذ آخر: المراقب اسم، تلميذ آخر: الإدارة اسم. ثم اسأل مجموعة من التلاميذ عن (إلى) فإن لم يتمكنوا من الإجابة الصحيحة، أقول لهم: لو حذفنا كل الكلمات وأبقينا كلمة (إلى) وحدها هل تفهمون شيئا وهل لها معنى؟ أحد التلاميذ: لا نفهم شيئاً وليس لها معنى، وإذ أعدنا الكلمات المحذوفة فهل يكون لها معنى؟ أحد التلاميذ: الكلمات كلها لها معنى ولكننا لا نعرف معنى (إلى). أقول لهم: الكلمة التي لا نفهم معناها كاملاً إلا عند وضعها في جملة تسمى حرفاً. (فإلى) هي حرف.

أقول: هل هناك حروف أخرى مثل (إلى)؟ وبعد مناقشة التلاميذ يتوصل أحدهم إلى القول: نعم هناك حروف أخرى مثل (إلى) فهناك (في) في الجملة الثانية و(على) في الجملة الثالثة. ثم اسأل التلاميذ ماذا تسمى (إلى) و (في) و(على)؟ فيقول أحدهم: إنها حروف فأقول لماذا سميت حروفاً؟ فيقول الآخر لأنه لا يفهم معناها كاملاً إلا عند وضعها في جمل.

أقول: ما الفرق بين الكلمات الآتية محمد، كتب، إلى وبعد مناقشة التلاميذ يتوصل أحدهم إلى القول: محمد تدل على اسم إنسان، تلميذ آخر: كتب تدل على شغل أو عمل أو

حدث في زمن معين فهي فعل، تلميذ آخر: (إلى) حرف لأننا لا نفهم معناها وحدها إلا عند وضعها في جملة.

أقول هل فهمتهم الكلمة؟ التلاميذ: نعم يا أستاذ. ما معنى الكلمة؟ تلميذ. الكلمة لفظ مفرد يدل على معنى وهي عدة أنواع. ما أنواع الكلمة؟ تلميذ: اسم، وفعل، وحرف.

ثانيا- القاعدة:

الكلمة لفظ مفرد يدل على معنى وأنواعها ثلاثة:

1. الاسم: وهو كل كلمة يسمى بها أي شيء من إنسان، كمحمد، أو حيوان كجمل، أو نبات كتفاح، أو جماد كجدار.

2. الفعل: وهو كل كلمة تدل على فعل عمل في زمن معين نحو (دافع، يقرأ).

3. الحرف: وهو كل كلمة لا نفهم معناها كاملاً إلا عند وضعها في جملة مثل: إلى، في، على .

ثالثا: التطبيق:

س1:   ما مسميات الكلمات الآتية؟ خالد، أسد، قطة، سامي، قمر، أرض، صورة، رمان.

س2:   ميّز الاسم والفعل والحرف فيما يأتي:

1. قاتل الجيش الأعداء.

2. دافع المجاهدون عن الوطن.

3. دمّر الجنود طائرة.

4. يلعب التلاميذ في الحديقة.

س3:   ما تعريف الاسم والفعل والحرف؟

الدرس الثاني

الجملة الاسمية والجملة الفعلية

الهدف العام: ثابت في الخطط كافة.

الهدف الخاص:

جعل التلميذ قادراً على:

1- أن يبين معنى الجملة الفعلية.

2- أن يبين معنى الجملة الاسمية.

3- أن يميز بين الجمل الفعلية والجمل الاسمية في مجموعة جمل معطاة له.

خطوات الدرس:

أولا- عرض الموضوع بالمواقف

سبق أن درستم في الدرس الماضي أقسام الكلام. فما هي أقسام الكلام؟ تلميذ: الكلام اسم، وفعل، وحرف. ثم اسأل التلاميذ فأقول: ما الاسم؟ تلميذ: الاسم كلمة مفردة يسمى بها إنسان أو حيوان أو نبات أو جماد. ما الفعل؟ تلميذ: كلمة تدل على شغل أو حدث أو عمل في زمن معين. ما الحرف؟ تلميذ: الحرف كلمة لا تفهم معناها كاملاً إلا عند وضعها في جملة. وتكون تلك الأجوبة مصحوبة بمثال واحد في الأقل من التلميذ الذي وجه إليه السؤال. وإذا عجز عن ذاك فيجيب تلميذ آخر. وهكذا هذه العملية تستغرق خمس دقائق فقط. بعد ذلك اعرض الدرس الجديد بمواقف جديدة أيضاً.

أقوم بتقسيم السبورة على حقلين (أ، ب). فالحقل (أ) يتضمن الجمل الاسمية، والحقل (ب) يتضمن الجمل الفعلية.

اجلب معي برتقالة واعرضها على التلاميذ كي يروها، ثم اسأل بعض الأسئلة عنها. فأقول: ما لون البرتقالة؟ بعد مناقشة التلاميذ يتوصل أحدهم إلى القول: لون البرتقالة اصفر.

131

أقوم بتدوينها في الحقل (أ) على السبورة مع وضع خط تحت كلمة (لون) وبطباشير ملّون.

اطلب من أحد التلاميذ أن يقوم ليفتح الشباك لكي يتبدل هواء الصف. وبعد أن يجلس هـذا التلميـذ، وليكن (أحمد)، أقول لهم: ماذا فعل أحمـد؟ وبعـد مناقشـة التلاميـذ يتوصل أحدهم إلى القول: فتـح أحمد الشباك. أقوم بتدوينها في الحقل (ب) مع وضع خط تحت كلمة (فتح) بطباشير ملّون.

اكتب –بجانب جملة (لون البرتقالة أصفر)- عبارة (لون البرتقالة) واسكت ثم اكتب –بجانب جملة (فتح أحمد الشباك)- عبارة (فتح أحمد) واسكت ثم اسأل أهناك فرق بـين العبارتين في الحقل (أ)؟ وبعد مناقشة التلاميذ يتوصل أحدهم إلى القول: نعم هناك فرق بـين العبارتين في الحقل (أ) (فعبـارة لـون البرتقالـة أصفر) واضحة وكاملة المعنى. أما عبارة (لون البرتقالة) فأجد فيها نقصاً أي أنها غير تامة أو غير واضحة المعنى. ممتـاز ثم أقول أهناك فرق بين العبارتين في الحقل (ب)؟ وبعد مناقشة التلاميذ يتوصل أحدهم إلى القول: نعـم هناك فرق فعبارة (فتح أحمد الشباك) واضحة وكاملة المعنى. أما عبارة (فتح أحمد) فأجد فيها نقصا أي أنها غير تامة أو غير واضحة المعنى جيد وبعد ذلك أقول: من يعـرّف لي الجملة التامـة أو الكاملـة؟ وبعـد مناقشـة التلاميـذ يتوصل أحدهم إلى القول: الجملة التامة أو الكاملة هي الجملة التي تعطي معنى كاملاً.

لقد فهمتم معنى الجملة. أليس كذلك؟ نعم يا أستاذ. ثم استمر بالمواقف لأمكن التلاميذ من التمييز بـين الجملة الاسمية والفعلية. فأقول من يصف لي شكل البرتقالة؟ تلميذ بعد مناقشة زملائه يقول: البرتقالة كروية.

اطلب من أحد التلاميذ وليكن (محمداً) أن يقسم البرتقالة على أربعة أقسام، وعندها اسأل مـاذا يعمل زميلكم؟ وبعد مناقشة التلاميذ يتوصل أحدهم إلى القول: يقسّم محمد البرتقالة. وسأقدم هذه الأقسام الأربعة إلى أربعة تلاميذ كي يأكلوها هدية لمشاركتهم في الدرس. ثم اسأل ماذا يفعل زملاؤكم؟ وبعد المناقشة يتوصل أحدهم إلى القول: يأكل التلاميذ البرتقالة. ثم اسأل التلاميذ الأربعة عن طعم البرتقالة. ما طعم البرتقالة؟ طعمُ البرتقالةِ لذيذٌ.

اسأل التلاميذ أبدأت الجمل الثلاث في الحقل (أ) باسم أم بفعل؟ وبعد مناقشة التلاميذ يتوصل أحـدهم إلى القول: أنها بدأت باسم. وما هي تلك الأسماء؟ تلميذ: الأسماء هي (لون البرتقالة، طعم) جيد فأقول لهم: إن الجملة التي تبدأ باسم تسمى جملة اسمية وتعطي معنى كاملاً.

أقول للتلاميذ هل تختلف الجمل الثلاث في الحقل (ب) في بدايتها عن الجمل الثلاث في الحقل (أ)؟ وبعد مناقشة التلاميذ يتوصل أحدهم إلى القول: نعم هناك اختلاف فالجمل في الحقل (أ) بدأت بأسـماء، أما الجمل في الحقل (ب) فقد بدأت بأفعال. جيد إذن مـاذا نسـمي (الجملـة التـي تبـدأ بفعـل)؟ وبعد المناقشـة يتوصل أحدهم إلى القول: الجملة التي تبدأ بفعل تسمى جملة فعلية، ثم أضيف على الإجابة وتعطي معنى كاملاً.

ثم أقول من يذكر لي تلك الأفعال التي ابتدأت بها الجمـل الثـلاث في الحقـل (ب)؟ تلميـذ: فتح، يقسـم، يأكل، جيد. إذن من يلخص لي القاعدة؟

ثانيا- القاعدة:

بعد مناقشة التلاميذ أقوم بتدوين القاعدة كما يأتي:

أ- الجملة الاسمية: هي الجملة التي تبدأ باسم وتعطي معنى كاملا مثل: الجندي شجاع.

ب- الجملة الفعلية: هي الجملة التي تبدأ بفعل وتعطي معنى كاملاً مثل: يدافع الجندي عن الوطن.

ثالثا: - التطبيق:

س1: ما نوع الكلمات الآتية؟ دافع، الوطن، القائد، الأخ، يحرث، إلى، من.

س2: ما نوع كل جملة من الجملتين الآتيتين؟

1- يحرثُ الفلاحُ الأرضَ.

2- الفلاحُ يحرثُ الأرضَ.

س3: ضع كل كلمة من الكلمات الآتية في جملتين تكون الأولى منهما اسـمية وتكـون الثانيـة فعليـة: يزرع، يُعلِّم، التمر، الأزهار، في.

الدرس الثالث

أقسام الفعل من حيث الزمن

الهدف العام: ثابت في الخطط كافة.

الهدف الخاص:

جعل الطالب قادراً على:

1- أن يبين معنى الفعل الماضي والفعل المضارع وفعل الأمر.

2- أن يميز الفعل الماضي والمضارع والأمر من بين عدة أفعال.

3- أن يستخرج الفعل المضارع والأمر لعدد من الأفعال الماضية.

خطوات الدرس

أولا:- عرض الموضوع بالمواقف:

سبق أن درستم الفعل ضمن موضوع أقسام الكلام (الاسم والفعل والحرف). ثم درستموه ضـمن الجملـة الفعلية. لذا أوجه السؤال الآتي. ما الفعل؟. وبعد مناقشة التلاميذ يتوصل أحدهم على القول: الفعل هـو شـغل أو عمل أو حدث يقترن بزمن معين، مثل كتب، وقف، يقاتل... الخ. ثم أقول ما الجملة الفعلية؟

تلميذ: الجملة الفعلية هي الجملة التي تبدأ بفعل وتعطي معنى كاملاً. مثل: يدافعُ الجنديُّ عن الوطنِ، كَتَبَ المعلمُ على السبورةِ.

اقسم السبورة على ثلاثة حقول وهي:

أ-   الأفعال الماضية.

ب-   الأفعال المضارعة.

ج-   أفعال الأمر.

أتحدث إلى التلاميذ وأقول لهم: قبل المجيء إلى الصف ماذا فعل تلاميذ المدرسة في ساحة المدرسة؟ مناقشة التلاميذ يتوصل أحد التلاميذ إلى القول: اصطفَّ التلاميذُ في الساحة. أدون الجملة في الحقل (أ) واضع خطاً وبطباشير ملوّن تحت الفعل (اصطف). أقول للتلاميذ: لاحظوا الجملة التي أمامكم. فما هي كلمات هذه الجملة؟ تلميذ: كلمات هذه الجملة هي (اصطف) فعل والتلاميذ (اسم) وفي (حرف جر) والساحة (اسم) جيد. أقول: قال زميلكم (اصطف) فعل، فهل الاصطفاف يدل على شغل أو عمل أو جهد؟ تلميذ: نعم يا أستاذ تدل على عمل ، فعملية الاصطفاف هي حركة وشغل. جيد . أقول: أتحدث عملية الاصطفاف الآن في داخل الصف وفي أثناء كلامنا؟ تلميذ: كلا يا أستاذ، فالاصطفاف كان في الساحة قبل ربع ساعة. أقول: معنى هذا أن الاصطفاف قد مضى وانتهى.. أليس كذلك؟ تلميذ: نعم يا أستاذ. إذن ماذا نسمي كل شغل أو عمل أو حدث تمّ في زمن مضى وانتهى أي (قبل التكلم)؟ تلميذ: نسميه فعلاً انتهى فاصحح له وأقول: صحيح أنه فعل قد انتهى ولكن نسميه فعلاً ماضيا. ثم أضيف قائلاً الفعل الماضي ما دلّ على حصول عمل في زمن مضى قبل التكلم.

اطلب من مجموعة من التلاميذ أن تقوم بالاصطفاف وتستمر عملية الاصطفاف وفي أثنائها أقول: ماذا يفعل التلاميذ الآن؟ وبعد مناقشة التلاميذ يتوصل أحدهم على القول: يصطفّ التلاميذُ في الصفِّ. أقوم بتدوين الجملة في الحقل (ب) وأضع خطا بطباشير ملون آخر تحت الفعل (يصطف). أقول: لاحظوا الجملة فما هي كلماتها؟ تلميذ: (يصطف) فعل، و (التلاميذ) اسم، (في) حرف جر، و(الصف) اسم جيد. قال زميلكم (يصطف) فعل، وكما تعلمون أن الاصطفاف هو حدث أو شغل أو عمل، فهل الاصطفاف يحدث في داخل الصف الآن وفي أثناء الكلام؟ تلميذ: نعم يا أستاذ فعملية الاصطفاف مستمرة وتجري الآن في داخل الصف وفي أثناء كلامنا. جيد. أقول: وإذا قام التلاميذ بالاصطفاف بعد ربع ساعة أو أكثر أو غدا في الصف فماذا نقول؟ وبعد مناقشة التلاميذ يتوصل أحدهم إلى القول: يصطف التلاميذ في الصف أقول: هل الاصطفاف في هذه الجملة يحدث في داخل الصف الآن وفي أثناء الكلام؟ تلميذ: كلا يا أستاذ فعملية الاصطفاف لم تحدث لحد الآن، فربما تحدث بعد ربع

ساعة أو أكثر أو غدا. جيد أقول للتلميذ: تقصد أن الاصطفاف يحدث في المستقبل أي (بعد التكلم)... أليس كذلك؟ التلميذ: نعم يا أستاذ. إذن فماذا نسمي كل حدث أو شغل يحدث في الحال وفي (أثناء الكلام) أو في المستقبل (بعد الكلام)؟ وبعد الاستماع إلى أجوبتهم أقول لهم: نسميه فعلاً مضارعاً.

اطلب من التلاميذ الذين كانوا مصطفين سابقاً بأن يصطفوا من جديد واتحرك داخل الصف وأقول لزميلهم وليكن (عليا): قف مع زملائك يا علي. فأقول: ماذا قلت لعلي؟ تلميذ: قف مع زملائك يا علي. أقوم بتدوين الجملة في الحقل (ج)، وأضع خطاً بطباشير ملّون آخر تحت الفعل (قف). ثم أقول: أين الفعل في هذه الجملة؟ تلميذ: قف ثم أقول لهم: إن الوقوف هو حدث أو شغل أو عمل كما عرفتم سابقاً، وقد أمر علي أو طلب من علي القيام به، فهل هذا الأمر أو الطلب يحدث في داخل الصف وفي أثناء الكلام؟ تلميذ: نعم يا أستاذ إذ طلب من علي أو أمر علي بالوقوف مع زملائه في داخل الصف وفي أناء الكلام. جيد أقول: وإذا طلب من علي أو أمر علي بالوقوف بعد ربع ساعة أو أكثر أو غدا. فماذا تقولون؟ وبعد مناقشة التلاميذ يتوصل أحدهم إلى القول: قف مع زملائك يا علي. ثم أقول: هل الأمر بالوقوف في هذه الجملة يحدث في داخل الصف الآن وفي أثناء الكلام؟ تلميذ: كلا يا أستاذ فلم ينفذ علي طلب أو أمر الوقوف إلى الآن، فربما ينفذ الأمر بعد ربع ساعة أو أكثر أو غدا. جيد. أقول للتلميذ: أتقصد أن تنفيذ أوامر الوقوف من علي يحدث في المستقبل أي بعد (التكلم) أليس كذلك؟ التلميذ: نعم يا أستاذ. إذن ما نسمي كل حدث أو شغل يطلب القيام به في الحاضر في (أثناء الكلام) أو في المستقبل (بعد الطلب أو الأمر)؟ وبعد الاستماع إلى أجوبتهم أقول لهم: نسميه فعل طلب أو فعل أمر.

أستمر في عرض المواقف لأعزز الفهم لدى التلاميذ للموضوع، فأطلب من المراقب أن يجمع دفاتر الواجب البيتي لمجموعة من التلاميذ، وبعد أن ينتهي من الجمع أقول: ماذا فعل المراقب؟ تلميذ: جمع المراقب الدفاتر. أين الفعل؟ تلميذ الفعل هو (جمع)، ما نوعه؟ تلميذ: فعل ماض يدل على عمل مضى وانتهى. ثم أطلب من المراقب أن يجمع دفاتر مجموعة أخرى من التلاميذ، وفي أثناء عملية الجمع أقول: ماذا يفعل المراقب الآن؟ تلميذ: يجمع المراقب

الدفاتر. أين الفعل؟ تلميذ: الفعل هو (يجمع)، ما نوعه؟ تلميذ: فعل مضارع يدل على حدث أو عمل في زمن التكلم (الحال) أو في المستقبل (بعد التكلم). ثم اطلب من المراقب وآمره بأن يجمع دفاتر مجموعة أخرى من التلاميذ. فأقول: ماذا قلت للمراقب؟ تلميذ: أجمع الدفاتر. أين الفعل؟ تلميذ: الفعل هو (اجمع)، وما نوعه؟ تلميذ: فعل أمر يدل على شغل أو حدث دل على طلب أوامر في الحال (زمن التكلم) أو في المستقبل (بعد التكلم). وفي هذا الوقت أكون قد دونت تلك الجمل المذكورة آنفاً ووضعت خطوطاً بطباشير ملوّن تحت الأفعال في الحقول الثلاثة.

اجلب معي صورة لأحد القواد كرّم فيها جنده الأبطال، أعرضها على التلاميذ، وأقول: ماذا فعل القائد لجنده الأبطال، وبعد مناقشة التلاميذ يقول أحدهم: كرّم القائد جنده الأبطال، أثبت هذه الجملة في الحقل (أ) وأقول: أين الفعل وما نوعه؟ تلميذ: الفعل هو (كرّم) وهو فعل ماض.

أقدم هدية لأحسن التلاميذ وليكن (محمداً) لمشاركته الفعالة في الدرس يكرّمُ المعلمُ محمداً. وبعد كتابتها في الحقل (ب) أقول: أين الفعل وما نوعه؟ تلميذ: الفعل (يكرّم) وهو فعل مضارع.

أقول لأحد التلاميذ: كرّم معلميك. وبعد كتابتها في الحقل (ج) أقول: أين الفعل وما نوعه؟ تلميذ: الفعل هو (كرّم) وهو فعل أمر أو طلب.

ثانيا- القاعدة:

استخرج القاعدة بمعاونة التلاميذ، وأقول بعد أن شرحنا الدرس من يستخرج القاعدة أو يصوغها لي؟ تلميذ أو عدة تلاميذ: الفعل من حيث الزمن على ثلاثة أقسام: ماض ومضارع وأمر:

1- الفعل الماضي: ما دلّ على حصول عمل في زمن مضى قبل التكلم مثل (درس، كتب).

2- الفعل المضارع: ما يدل على حصول عمل في زمن التكلم أو بعده (الحال أو الاستقبال) مثل (يفهم، ينتصر).

3- فعل الأمر: ما يطلب به حصول عمل من الأعمال في الحاضر أو المستقبل مثل (احفظ، أكرم).

ثالثا:- التطبيق:

س1: ما الفرق في المن والمعنى بين الأفعال الآتية:

(قاتلَ، يقاتلُ، قاتلْ)

س2: استخرج المضارع والأمر للأفعال الآتية:

زرعَ، حرثَ، حصدَ

س3: عبر عن كل معنى من المعاني الآتية بجملة فعلية فعلها ماض مرة ومضارع مرة أخرى.

1- نجاحُ أخيكَ. 2- انتصارُ الجيشِ العراقي. 3- فرحُ الشّعبِ بالنصرِ

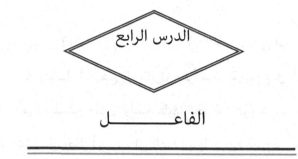

الدرس الرابع

الفاعــــــل

الهدف العام: ثابت في الخطط كافة.

الهدف الخاص:

جعل التلميذ قادراً على:

1- أن يعرف معنى الفاعل.

2- أن يحدد الحركة الإعرابية للفاعل في عدة جمل معطاة له.

3- أن يميز الفاعل المذكر من الفاعل المؤنث وما يطرأ على الفعل من تغيير.

خطوات الدرس:

أولا:- عرض الموضوع بالمواقف:

سبق أن درستم الجملة الاسمية والجملة الفعلية. ما الجملة الاسمية؟ تلميذ: الجملة الاسمية هي الجملة التي تبدأ باسم وتعطي معنى كاملاً مثل: ا لجيشُ منتصرٌ. جيد، ما الجملة الفعلية؟ تلميذ: الجملة الفعلية هـي الجملة التي تبدأ بفعل وتعطي معنى كاملاً. مثل: انتصر الجيش العراقي جيد ودرستم أيضاً أنواع الفعل مـن حيث الزمن. فما هي أنواع الفعل من حيث الزمن؟ تلميذ: الفعل يقسـم عـلى ثلاثة أنـواع مـن حيـث الـزمن، الماضي والمضارع والأمر. جيد، وأقوم بتوجيه الأسئلة للتلاميـذ كي يكوّنـوا أمثلـة عـن تلـك الأنـواع، ولـتكن أمثلـة التلاميذ كما يأتي: ساعدَ أحمدُ الفقراءَ، يساعدُ أحمدُ الفقراءَ، ساعد الفقراءَ يا أحمدُ.

أقسم السبورة على حقلين (أ، ب) فالحقل (أ) يتضمن الجمل التي يكون فاعلها مذكراً، والحقل (ب) يتضمن الجمل التي يكون فاعلها مؤنثاً.

139

أطلب من أحد التلاميذ وليكن (عمر) أن يقرأ الموضوع في كتابه المدرسي أمام زملائه. فأقول: ماذا يفعل عمر الآن؟ وبعد مناقشة التلاميذ يتوصل أحدهم إلى القول: يقرأ عمر الموضوع في الكتاب. أكتب هذه الجملة في الحقل (أ)، وأكتب كلمة (عمر) بطباشير ملّون، وأضع عليها الحركة الإعرابية بطباشير ملوّن آخر. ثم أقول: ما نوع الجملة؟ وبعد مناقشة التلاميذ يتوصل أحدهم إلى القول: إنها جملة فعلية، جيد، وكيف عرفت ذلك؟ تلميذ: لأنها بدأت بفعل. جيد ثم أقول : ما هي كلمات الجملة المكتوبة على السبورة؟ تلميذ: يقرأ (فعل)، عمر (اسم)، الموضوع (اسم، في (حرف جر) الكتاب: (اسم) جيد. من الذي قام بعملية القراءة؟ وبعد مناقشة التلاميذ يتوصل أحدهم إلى القول: (عمر)، ثم أقول أية كلمة سبقت كلمة (عمر)؟ تلميذ: سبقت كلمة (عمر) بالفعل (يقرأ). ثم أقول: هل كلمة (عمر) تدل على الذي فعل الفعل؟ بعد مناقشة التلاميذ يتوصل أحدهم إلى القول: نعم يا أستاذ. أقول: إذا كانت كلمة (عمر) هي التي تدل على الذي فعل الفعل فهل (عمر) هو الفاعل؟ بعد مناقشة التلاميذ يقول أحدهم: نعم يا أستاذ. أقول: ماذا تلاحظون على الحرف الأخير من كلمة (عمر)؟ بعد المناقشة يقول أحدهم: نلاحظ وجود الضمة على آخره. جيد ماذا تسمى هذه الضمة؟ بعد المناقشة يقول أحدهم: تسمى الضمة علامة. أقول: نعم، علامة.. علامة أي شيء؟ فبعد المناقشة وتعذر الإجابة بسبب عدم سماعهم بها سابقاً، أقول لهم: إن الضمة هي علاقة رفع. لذا فكرمة (عمر) هي اسم، وهي فاعل مرفوع وعلامة رفعه الضمة الظاهرة على آخره. ثم أقول: ماذا يسمى الاسم الذي يسبق بفعل ويدل على الذي فعل الفعل ويكون دائماً مرفوعاً؟ تلميذ: فاعل جيد. ثم أقول: أيدل الفاعل وهو كلمة (عمر) على المذكر أم المؤنث؟ وبعد مناقشة التلاميذ يتوصل أحدهم إلى القول: تدل على المذكر. جيد.

أطلب من إحدى التلميذات أن تقرأ الموضوع في كتابها المدرسي أمام زملائها. ولتكن التلميذة (سعاد). أقول: ماذا تفعل سعاد الآن؟ تلميذ: تقرأ سعاد الموضوعَ في الكتابِ، أدون هذه الجملة على السبورة في الحقل (ب) وأكتب كلمة (سعادُ) بطباشير ملوّن، وأكتب الضمة بطباشير ملوّن آخر. ثم أقول: ما نوع الجملة؟ تلميذ: جملة فعلية جيد، وكيف عرفت ذلك،

تلميذ: لأنها بدأت بفعل، جيد. ما كلمات الجملة؟ تلميذ: تقرأُ (فعل)، سعادُ (اسم) الموضوعَ (اسم)، في (حرف)، الكتابِ (اسم)، جيد من الذي قام بعملية القراءة في هذه الجملة؟ تلميذ (سعاد، أيّة كلمة سبقت كلمة (سعاد)؟ تلميذ: الفعل (تقرأ)، أكلمة (سعاد) هي التي تدل على الذي فعل الفعل؟ تلميذ: نعم يا أستاذ. إذن من يحدد لي الفاعل في هذه الجملة؟ تلميذ: (سعاد) هي الفاعل. ماذا تلاحظون على الحرف الأخير من كلمة (سعاد)؟ تلميذ: نلاحظ وجود الضمة. وماذا نسمي هذه الضمة؟ تلميذ: تسمي هذه الضمة علامة رفع. إذن ماذا نسمي الاسم الذي يسبق بفعل، ويدل على الذي فعل الفعل، ويكون دائماً مرفوعاً؟ تلميذ: نسمي هذا الاسم (فاعلاً) جيد. ثم أقول أكان الفاعل في هذه الجملة مذكراً أم مؤنثاً؟ وبعد مناقشة التلاميذ يتوصل أحدهم إلى القول: الفاعل مؤنث.

أقول: لاحظوا الجملتين في الحقلين (أ،ب) وهما: يقرأُ عمرُ الموضوعَ في الكتابِ، تقرأُ سعادُ الموضوعَ في الكتابِ. أهناك فرق في كتابة الفعلين؟ وبعد مناقشة التلاميذ يتوصل أحدهم إلى القول: نعم هناك فرق، ففي الجملة الأولى قلنا (يقرأ) إذ يدل الفعل على الفاعل المذكر، وفي الجملة الثانية قلنا (تقرأ) وهنا يدل الفعل على الفاعل المؤنث. جيد. ثم أقول: عندما يكون الفاعل مذكراً يبقى الفعل المضارع كما هو دون تغيير، وعندما يكون الفاعل مؤنثاً تقلب (ياء) المضارعة (تاء) لتدل على الفاعل المؤنث إذ تلحق التاء أول الفعل المضارع.

أعرض موقفاً آخر عندما يكون الفعل مضارعاً لأعزز الموضوع.

أطلب من (محمد) و (فاطمة) أن يجمعا دفاتر زملائهم وفي أثناء القيام بجمع الدفاتر أقول: ماذا يفعل محمد الآن؟ تلميذ: يجمعُ محمدٌ الدفاترَ. وماذا تفعل فاطمة الآن؟ تلميذ: تجمعُ فاطمةُ الدفاترَ. أدون الجملتين في الحقل (أ وب). في جملة (يجمعُ محمدٌ الدفاترَ) أين الفاعل؟ تلميذ: (محمد) هو الفاعل كيف عرفت ذلك؟ تلميذ آخر: لأنه اسم مرفوع سبق بفعل يدل على فعل الفاعل. أمذكر الفاعل أم مؤنث؟ تلميذ: الفاعل مذكر والدليل على ذلك أن الفعل المضارع بقي بلا تغيير.

في جملة (تجمعُ فاطمةُ الدفاترَ) أين الفاعل؟ تلميذ: فاطمة هي الفاعل، كيف عرفت ذلك؟ تلميذ آخر: لأنه اسم مرفوع سبق بفعل يدل على فعل الفاعل. أمذكر الفاعل أم مؤنث؟ تلميذ: الفاعل مؤنث والدليل على ذلك دخول التاء في أول الفعل المضارع.

اعرض موقفاً آخر عندما يكون الفعل ماضيا وذلك بأن أطلب من أحد التلاميذ وليكن علياً، ومن إحدى التلميذات ولتكن (رباب)، أن ينشد كل منهما قصيدة، وبعد أن ينهيا إنشاد القصيدة أقول ماذا فعل عليّ؟ بعد مناقشة التلاميذ يقول أحدهم: أنشدَ عليٌّ قصيدةً. جيد، أدونها في الحقل (أ). ثم أسأل التلاميذ ماذا فعلت رباب؟ بعد مناقشة التلاميذ يقول أحدهم: أنشدتْ ربابُ قصيدةً جيد، أدون الجملة في الحقل (ب). ثم أوجه إلى التلاميذ الأسئلة عن الجملتين بالطريقة نفسها في المواقف السابقة. ثم أوجه إلى التلاميذ الأسئلة عن الجملتين بالطريقة نفسها في المواقف السابقة. ثم أوجه أنظار التلاميذ بعد ذلك إلى الجملتين فأقول: لاحظوا الجملتين على السبورة أهناك فرق في كتابة الفعلين (أنشد وأنشدت)؟ تلميذ: نعم هناك فرق، فالفعل المؤنث. إذن أقول لهم: عندما يكون الفاعل مذكراً يبقى الفعل الماضي كما هو من غير تغيير، أما إذا كان الفاعل مؤنثاً فتلحق آخر الفعل الماضي تاء طويلة ساكنة.

أعرض مواقف أخرى بالنسبة للفعل الماضي كي يتعزز فهم الموضوع فأطلب من (أحمد) أن يرسم وردة على السبورة، ثم أطلب من (هند) أن ترسم قطة على السبورة وبعد أن ينهيا الرسم، أقول: ماذا فعل أحمد، وبعد مناقشة التلاميذ يقول أحدهم: رسمَ أحمدُ وردةً، وماذا فعلت هند؟ وبعد المناقشة يقول أحدهم: رسمتْ هندٌ قطةً. جيد وأقوم بتوضيح الجملتين مع التلاميذ كما في الأمثلة السابقة... وهكذا.

ثانيا:- القاعدة:

استخرج القاعدة بمعاونة التلاميذ، وأقول بعد أن شرحت الدرس من يستخرج لي القاعدة أو يصوغها؟ تلميذ أو عدة تلاميذ: الفاعل.

اسم مرفوع تقدمه فعل، ودلّ على الذي فعل الفعل مثلاً: يحرص العامل على زيادة الإنتاج.

إذا كان الفاعل مؤنثا تلحق تاء أول الفعل المضارع، وتلحق تاء طويلة ساكنة آخر الفعل الماضي مثل:

تحفظ زينب القصيدة، وأنشدت فاطمة الشعر.

ثالثا: - التطبيق:

س1: اجعل كلا من الكلمات الآتية (فاعلاً) في جمل مفيدة:

المعلم، الطبيب، الممرضة، المعلمة.

س2: أعرب الفاعل في الجملتين الآتيتين:

1- أكلَ محمدٌ التفاحةَ.   2- أكلتْ فاطمةُ التفاحةَ

س3: أنث الفاعل في الجملتين الآتيتين:

1- يركضُ الطالبُ في الساحةَ.   2- نجح الطالبُ المجتهدُ

الدرس الخامس

المفعول به

الهدف العام: ثابت في الخطط كافة.

الهدف الخاص:

جعل التلميذ قادراً على:

1- أن يعرف معنى المفعول به.

2- أن يحدد الحركة الإعرابية للمفعول به في عدة جمل معطاة له.

خطوات الدرس:

أولا:- عرض الموضوع بالمواقف:

سبق أن درستم الفاعل في الدرس الماضي، فما الفاعل؟ تلميذ: الفاعل اسم مرفوع تقدمه فعل ودل على الذي فعل الفعل. مثل: يحافظُ الطالبُ على كتبه. أقول: أين الفاعل في الجملة التي كونها زميلكم؟ تلميذ: الفاعل هو (الطالبُ) فهو اسم مرفوع وعلامة رفعه الضمة الظاهرة على آخره، ودل على الذي فعل الفعل، وهو المحافظة من الفعل يحافظ.

اطلب من المراقب أن يمسح السبورة، فأوجه سؤالاً إلى التلاميذ في أثناء عملية المسح فأقول: ماذا يفعل المراقب الآن؟ وبعد مناقشة التلاميذ يتوصل أحدهم للقول: يمسح المراقب السبورةَ. أدون هذه الجملة على السبورة، وأكتب كلمة (السبورة)، وبطباشير ملوّن، واضع عليها حركة المفعول به وهي الفتحة بطباشير ملوّن آخر، ثم أقول: من يحدد لي فعل الجملة؟ تلميذ: الفعل هو (يمسح) وهو فعل مضارع. جيد، من الذي قام بعملية المسح؟ تلميذ: المراقب. جيد، كيف تعرب كلمة (المراقب)؟ تلميذ: المراقب اسم، فاعل مرفوع وعلامة رفعه الضمة الظاهرة على آخره. ثم أقول: على أيّ شيء وقع المسح؟ تلميذ: وقع المسح على

السبورة. جيد، إذن ماذا نسمي كلمة سبورة؟ بعد مناقشة التلاميذ يتوصل أحدهم إلى القول: نسمي كلمة (السبورة) الكلمة التي وقع عليها المسح. أقول: هذا صحيح ولكن الاسم الذي يقع عليه فعل الفاعل نسميه مفعولاً به. ثم أقول: ما حركة المفعول به؟ تلميذ: حركة المفعول به هي الفتحة. جيد، أقول: ولكن الفتحة نسميها حركة نصب وبذا يجب أن نقول عن (السبورة): مفعول به منصوب وعلامة نصبه الفتحة الظاهرة على آخره.

اطلب من أحد التلاميذ وليكن (محمداً) أن يصافح زميله وليكن (عليا) وفي أثناء الاستمرار في عملية المصافحة أقول: من يحول لي هذا الموقف بين محمد وعلي إلى جملة مفيدة؟ وبعد مناقشة التلاميذ يتوصل أحدهم إلى القول: يصافحُ محمدٌ عليّاً. جيد، أدون الجملة واكتب كلمة (علي) بطباشير ملون وكذلك اكتب الحركة بلون آخر. ثم أقول: في الجملة اسمان. ما هما وما إعراب كل منهما؟ وبعد مناقشة التلاميذ يتوصل أحدهم إلى القول: الاسم الأول هو (محمد) وإعرابه، فاعل مرفوع وعلامة رفعه الضمة الظاهرة على آخره لأنه دل على من فعل الفعل. أما التلميذ الآخر فيقول: الاسم الثاني هو (عليا) وإعرابه، مفعول به منصوب وعلامة نصبه الفتحة الظاهرة على آخره، وهو من وقع عليه فعل الفاعل وهي المصافحة. جيد.

أقدم تفاحة لإحدى التلميذات المسماة (زينب) وأطلب منها أن تأكل جزءاً منها، وبعد أن تنتهي من الأكل أقول: ماذا فعلت زينب؟ بعد مناقشة التلاميذ يتوصل أحدهم إلى القول: أكلتْ زينبُ التفاحةَ. جيد، أقول: أين الفعل في الجملة؟ تلميذ: الفعل (أكل) وهو فعل ماض. أقول: من الذي قام بعملية الأكل؟ تلميذ: زينب، ما إعراب كلمة (زنيب)؟ تلميذ: فاعل مرفوع وعلامة رفعه الضمة الظاهرة على آخره. جيد، أقول على أي شيء وقع فعل الفاعل؟ تلميذ: وقع فعل الفاعل وهو (الأكل) على التفاحة. جيد، إذن ما إعراب كلمة (التفاحة)؟ تلميذ: التفاحة: مفعول به منصوب وعلامة نصبه الفتحة الظاهرة على آخره.

أساليب تدريس قواعد اللغة العربية

ثانيا:- استخراج القاعدة:

أقوم باستخراج القاعدة بمعاونة التلاميذ وأقول لهم بعد أن شرحنـا الـدرس مـن يسـتخرج القاعـدة لي أو يصوغها؟ تلميذ أو عدة تلاميذ: المفعول به: اسم منصوب وقع عليه فعل الفاعل. مثل تساعد الممرضات الأطباء.

ثالثا:- التطبيق:

س1: اجعل كل كلمة من الكلمات الآتية مفعولاً به في جمل مفيدة:

الوطن، الطفل، القصة، القائد

س2: أعرب الجملتين الآتيتين:

1- زارَ الرئيسُ الجبهةَ.
2- كرمت المعلمةُ الطالبة.

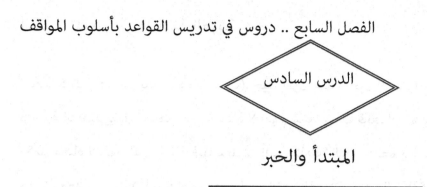

الدرس السادس

المبتدأ والخبر

الهدف العام: ثابت في الخطط كافة.

الهدف الخاص:

جعل التلميذ قادراً على:

1- أن يعرف معنى المبتدأ ومعنى الخبر.

2- أن يكوّن جملة مفيدة من المبتدأ والخبر.

3- أن يحدد الحركة الإعرابية للمبتدأ والخبر في عدة جمل معطاة له.

خطوات الدرس:

أولا:- عرض الموضوع بالمواقف:

درستم في دروس سابقة موضوع الجمل الاسمية والجمل الفعلية. ما الجملة الاسمية؟ تلميذ: الجملة الاسمية هي الجملة التي تبدأ باسم مثل: الصادق محبوبٌ. جيد والآن موضوعنا المبتدأ والخبر.

اختار كتاباً نظيفاً مجلداً يعود إلى أحد التلاميذ، واعرضه أمام التلاميذ، ثم أقول: من يصف لي الكتاب؟. وبعد مناقشة التلاميذ يتوصل أحد التلاميذ إلى القول: الكتابُ نظيفٌ، تلميذ آخر: الكتابُ مجلَّدٌ . جيد.

أدون جملة (الكتابُ نظيفٌ) على السبورة، وأضع خطاً بطباشير ملوّن تحت الاسم الأول، وأضع خطين تحت الاسم الثاني. ثم أقول: ما عدد الأسماء التي تكونت منها هذه الجملة؟ تلميذ: تكون من اسمين هما: (الكتاب، نظيف) جيد، أقول: بماذا بدأت هذه

الجملة؟ تلميذ: بدأت باسم وهو (الكتاب). جيد، أقول: عندما أقول (الكتاب) واسكت، هل نفهم شيئا؟ وبعد مناقشة التلاميذ يقول أحدهم: كلا يا أستاذ لا نفهم شيئاً. أضيف قائلاً: إذن هذا الاسم (الكتاب) يحتاج إلى شيء يكمل معناه لتتكون لدينا جملة فيها معنى... أليس كذلك؟ التلاميذ: نعم يا أستاذ فلو قلنا: (الكتابُ نظيفٌ) هل تمّ معنى الجملة؟ تلميذ: نعم.. إذن ما هو الاسم الذي أتم معنى الجملة؟ تلميذ: الاسم الذي أتمّ معنى الجملة هو (نظيف) أضيف قائلاً: إن الاسم (نظيف) قد أزال الغموض عن الكتاب ووصفه بالنظافة، وأصبح للاسمين (الكتاب ونظيف) معنى تام.

أقول: ماذا نسمي الاسم الذي تبتدئ به الجملة؟ بعد مناقشة التلاميذ يتوصل أحدهم إلى القول: نسميه الاسم الأول في الجملة. أقول: نعم هو الاسم الأول في الجملة، ولكن هناك تسمية أفضل من هذه التسمية من يعرفها؟ واستمر في توجيه الأسئلة وفي معاونة التلاميذ حتى أحصل على التسمية الصحيحة للاسم وهو (المبتدأ). ولكي أعزز فهم الموضوع أوجه سؤالاً للتلاميذ وهو: ما المبتدأ؟ تلميذ: هو الاسم الذي تبدأ به الجملة. جيد.

أقول: أأخبرنا الاسم الثاني (نظيف) بشيء عن الكتاب؟ وبعد مناقشة التلاميذ يتوصل أحدهم إلى القول: نعم فقد وصف الكتاب بالنظافة، أقول: ماذا نسمي الاسم الذي أخبرنا بشيء عن المبتدأ وأزال الغموض وأتمّ المعنى؟ وبعد مناقشة التلاميذ يتوصل أحدهم إلى القول: نسميه الاسم الموضح للمبتدأ... أقول: نعم هو اسم موضح للمبتدأ ولكن هناك تسمية أفضل. وبمعاونة التلاميذ من خلال الأسئلة المتواصلة سنتوصل إلى كلمة أو تسمية (الخبر). بعد ذلك أقول: ما الخبر؟ تلميذ: هو الاسم الذي يلي المبتدأ ويزيل عند الغموض ويوضحه ويصفه. وبهما يكمل معنى الجملة. جيد. بعد ذلك أقول: جملة (الكتابُ نظيفٌ) اسمية أم فعلية؟ تلميذ: الجملة اسمية لأنها بدأت باسم وهو (الكتاب). جيد أقول: من أي شيء تتكون هذه الجملة الاسمية؟ تلميذ تتكون من المبتدأ والخبر وبهما يكمل معنى الجملة.

ما علامة الحرف الأخير في كلمتي (الكتابُ، نظيفٌ) بعد مناقشة التلاميذ يتوصل أحدهم إلى القول: العلامة هي الضمة. جيد أضيف قائلاً، سبق أن درستم أن الضمة هي

علامة رفع. لذا نقول أن المبتدأ اسم مرفوع وعلامة رفعه الضمة الظاهرة على آخره. وكذلك الخبر اسم مرفوع وعلامة رفعه الضمة الظاهرة على آخره.

أطلب من تلميذين الوقوف أمام زملائهم، وليكونوا (فاطمة ومحمداً) وأطلب أيضاً أن يقف أحدهما إلى جانب الآخر. وأقول: من يصف لي فاطمة من حيث طولها أو قصرها بالنسبة إلى محمد؟ وبعد مناقشة التلاميذ يتوصل أحدهم إلى القول: فاطمةُ أقصرُ من محمد. أدون هذه الجملة على السبورة وأقول: ما هي الأسماء التي تكونت منها هذه الجملة؟ تلميذ: (فاطمة، اقصر، محمد) جيد ولو قلنا (فاطمة) وسكتنا، هل نفهم شيئاً؟ تلميذ: كلا يا أستاذ. ماذا نسمي الاسم الأول في هذه الجملة؟ تلميذ: مبتدأ. جيد، وما المبتدأ؟ تلميذ: المبتدأ اسم مرفوع يقع في أول الجملة ويحتاج إلى خبر. جيد، أين الخبر؟ بعد مناقشة التلاميذ يتوصل أحدهم إلى القول: أقصر. جيد، ما الخبر؟ تلميذ: اسم مرفوع يكوّن مع المبتدأ جملة مفيدة. جيد. أقول: هل استفدنا من الخبر كلمة (أقصر)؟ وكيف؟ تلميذ: نعم استفدنا من الخبر (أقصر) إذ أزال الغموض عن المبتدأ (فاطمة) ووصفها بالقصر فتكونت لدينا جملة مفيدة ذات معنى. جيد. إذاً من أي شيء تكونت الجملة؟ تكونت من الخبر (أقصر)، ومن الحرف (من)، والاسم (محمد). جيد. ما علامة الحرف الأخير للمبتدأ والخبر؟ المبتدأ والخبر اسمان مرفوعان يكونان جملة مفيدة.

ولتعزيز فهم الموضوع اعرض موقفين آخرين وهما:

1- أعرض للتلاميذ صورة حصان وأقول لهم: من يصف لي الحصان في جملة مفيدة؟ تلميذ: الحصانُ حيوانٌ قويٌّ. أدونها على السبورة.

2- اسأل عن الأولى في الصف ولتكن (سعاد)، وعن الثاني في الصف وليكن (عمارا) والثالث في الصف وليكن (علياً) واطلب منهم الوقوف أمام زملائهم وأقول: من هو أكثر تحصيلاً للدرجات؟ بعد مناقشة التلاميذ يتوصل أحدهم على القول: سعادُ اكثرُ تحصيلاً. أدونها على السبورة. وسأقوم بتوضيح الموقفين بالأسلوب السابق نفسه.

أساليب تدريس قواعد اللغة العربية

ثانيا:- القاعدة:

بعد أن أوضح الدرس أقوم بمعاونة التلاميذ لاستخراج القاعدة وهي:

1- تتكون الجملة الاسمية من المبتدأ والخبر.

2- المبتدأ: اسم مرفوع يقع في أول الجملة ويحتاج إلى خبر.

3- الخبر: اسم مرفوع يكوّن مع المبتدأ جملة مفيدة مثل: الحقُّ واضحٌ.

ثالثا:- التطبيق:

س1: اجعل كل كلمة من الكلمات الآتية خبراً في جملة مفيدة:

مخلص، شجاع، محترم.

س2: استخرج المبتدأ والخبر فيما يأتي وبين علامة رفع كل منهما:

العراقُ منتصرٌ على الأعداءِ، القائدُ محبوبٌ من الشّعبِ الوحدةُ قوةٌ للمجتمعِ.

الدرس السابع

كان وأخواتها

الهدف العام: ثابت في الخطط كافة.

الهدف الخاص:

جعل التلميذ قادراً على:

1- أن يعرف كان وأخواتها بأسمائها.

2- أن يعرف معنى كان ومعاني أخواتها.

3- أن يعرف عمل كان وأخواتها عندما تدخل على الجملة الاسمية، وأن يعرف حركات الأسماء التي تأتي بعدها.

خطوات الدرس:

اولا:- عرض الموضوع بالمواقف:

سبق أن درستم الجملة الاسمية، فما الجملة الاسمية؟ تلميذ: الجملة الاسمية هي التي تبدأ باسم، وتتكون من المبتدأ والخبر. مثل الحقُّ منتصرٌ. أقول: ما المبتدأ؟ تلميذ: اسم مرفوع يقع في أول الجملة. جيد، وما الخبر؟ تلميذ: الخبر اسم مرفوع يكوّن مع المبتدأ جملة مفيدة. مثل: الصادقُ محبوبٌ. جيد.

والآن درسنا هو (كان وأخواتها). وقبل العرض أقوم بتقسيم السبورة على ثلاثة حقول وهي: الحقل (أ) وأكتب في الجمل الاسمية، والحقل (ب) وأكتب فيه كان وأخواتها، والحقل (ج) وأكتب فيه معنى كان ومعاني أخواتها.

اطلب من التلميذ (محمد) الذي دخل الصف متأخراً أن يقف أمام زملائه. وعندها أقول: من يكوّن لي جملة عن تأخر (محمد)؟ وبعد مناقشة التلاميذ يتوصل أحدهم إلى القول: محمدٌ متأخرٌ. جيد، أدون هذه الجملة في الحقل (أ)، وأقول: ما نوع الجملة؟ تلميذ: الجملة اسمية، ممّ تتكون الجملة الاسمية؟ تلميذ: من المبتدأ والخبر. جيد، أين المبتدأ وأين الخبر؟ تلميذ: (محمد) مبتدأ، (متأخر) خبر. ما علامة رفعهما؟ تلميذ: الضمة الظاهرة على آخرهما. جيد.

أعود لأذكر التلاميذ بتأخر محمد قبل دقائق، فأقول: أيحدث تأخره الآن أم حدث تأخره قبل دقائق؟ وبعد مناقشة التلاميذ يتوصل أحدهم إلى القول: حدث قبل دقائق. أقول: تعني أن التأخر قد حدث في زمن مضى.. أليس كذلك؟ تلميذ: نعم يا أستاذ. جيد، أقول: إذن الفعل الذي يفيد التوقيت في الزمن الماضي هو الفعل (كان). أدخل (كان) على الجملة الموجودة في الحقل (أ)، فتصبح الجملة الجديدة (كانَ محمدٌ متأخراً). أدون هذه الجملة في الحقل (ب) وعندها أكتب (كان) وحركة اسمها وحركة خبرها بطباشير ملون واحد، ثم أقول: ما أثر (كان) في هذه الجملة من حيث الحركات؟ وبعد مناقشة التلاميذ يتوصل أحدهم إلى القول: بقي المبتدأ مرفوعاً إلا أن الخبر منصوب. جيد، أعقب قائلاً: عندما تدخل (كان) على الجملة الاسمية لا نسمي الاسم الأول بعدها مبتدأ، وإنما يسمى اسمها، ونسمي الاسم الثاني (وهو الخبر سابقاً) خبرها. إذن من يستطيع أن يبين أثر دخول (كان) في الجملة؟ تلميذ: كان تدخل على الجملة الاسمية (المبتدأ والخبر) فترتفع الأول ويسمى اسمها، وتنصب الثاني ويسمى خبرها، إذن ما معنى (كان)؟ تلميذ: معنى كان أنها تفيد التوقيت في الزمن الماضي. وأضيف إنها فعل ماض. أدون المعنى في الحقل (ج) على السبورة.

أعرف للتلاميذ دفتراً نظيفاً ومجلداً، وأقول: من يصف لي هذا الدفتر؟ تلميذ: الدفترُ نظيفٌ. جيد، أهذه الجملة اسمية أم فعلية؟ تلميذ: الجملة اسمية لأنها بدأت باسم. أقول: أين المبتدأ وأين الخبر وما علامة رفعهما؟ تلميذ: الدفتر مبتدأ مرفوع وعلامة رفعه الضمة الظاهرة على آخره، نظيف خبر مرفوع وعلامة رفعه الضمة الظاهرة على آخره.

أعود إلى الدفتر النظيف وأقول للتلميذ صاحب الدفتر: إنك نهضت من النوم صباحاً ووجدت هذا الدفتر النظيف قد توسخ وتمزّق جلده وأوراقه نتيجة عبث أحد أخوانك الصغار في لوازمك المدرسية مثل هذا الدفتر المعروض أمامكم (اعرض لهم دفترا آخر ممزقاً ووسخاً)، فمن يصف لي هذا الدفتر في جملة؟ بعد مناقشة التلاميذ يتوصل أحدهم إلى القول: الدفترُ ممزَّقٌ. جيد أدون هذه الجملة في الحقل (أ) ثم اسأل عن نوع الجملة وتحديد المبتدأ والخبر وعلامة رفع كل منهما. أقول: إذن متى وجدت الدفتر ممزقا؟ تلميذ: وجدته صباحاً. أقول: إن الفعل الذي يفيد التوقيت في الصباح هو الفعل (أصبح). والآن أدخل الفعل (أصبح) على الجملة فتصبح الجملة الجديدة (أصبحَ الدفترُ ممزَّقاً) اكتب هذه الجملة في الحقل (ب) واكتب أصبح وحركة اسمها وحركة خبرها بطباشير ملون واحد. ثم أقول: ما اثر أصبح في هذه الجملة من حيث الحركات؟ تلميذ: رفعت الأول وهو (المبتدأ) ويسمى اسمها ونصبت الثاني وهو (الخبر) ويسمى خبرها. جيد أقول: ما معنى أصبح؟ تلميذ: تفيد التوقيت في الصباح وهي فعل ماض. جيد، أدون المعنى في الحقل (ج).

أعرض للتلاميذ مجموعة من الأزهار المتفتحة، وأقول: من يصف لي هذه الأزهار؟ تلميذ: الأزهارُ متفتحةٌ. ثم اسأل عن نوع الجملة وعن تحديد المبتدأ والخبر وعلامة رفع كل منهما.

أقول: أن هذه الأزهار المتفتحة في الصباح عندما نقطفها ونحتفظ بها إلى المساء سوف تتعرض إلى التلف والذبول مثل هذه المجموعة المعروضة أمامكم (أعرض لهم مجموعة أخرى تالفة وذابلة). فمن يصف لي هذه الأزهار في جملة؟ وبعد مناقشة التلاميذ يتوصل أحدهم إلى القول: الأزهارُ ذابلةٌ. جيد، أدون هذه الجملة في الحقل (أ) ثم اسأل عن نوع الجملة، وعن تحديد المبتدأ والخبر وعلامة رفع كل منهما. ثم أقول: إذن متى وجدتم الأزهار ذابلة؟ تلميذ: وجدتها مساء. جيد أقول: أن الفعل الذي يفيد التوقيت في المساء هو الفعل (أمسى)، والآن أدخل الفعل (أمسى) على الجملة فتصبح الجملة جديدة (أمستِ الأزهارُ ذابلةً) ثم اكتب هذه الجملة في الحقل (ب)، واكتب (أمسى) وحركة اسمها وحركة خبرها بطباشير ملوّن

واحد. ثم أقول: ما أثر الفعل (أمسى) في الجملة؟ تلميذ: رفعت الأول (المبتدأ) ويسمى اسمها، ونصبت الثاني (الخبر) ويسمى خبرها). جيد. ما معنى (أمسى)؟ تلميذ: تفيد التوقيت في المساء وهي فعل ماض. جيد، ثم أدون المعنى في الحقل (ج) على السبورة.

أوجه أنظار التلاميذ إلى إضاءة الصف فأقول أمضيء الصف أم مظلم؟ تلميذ: الصف مضيء. جيد، ثم اسأل عن نوع الجملة وعن تحديد المبتدأ والخبر وعلامة رفع كل منهما.

أطفئ المصابيح الموجودة في داخل الصف، ثم أقول: أمضيء الصف أم مظلم؟ تلميذ: الصفُّ مظلمٌ. جيد، أدون هذه الجملة في الحقل (أ). ثم أسأل عن نوع الجملة، وعن تحديد المبتدأ والخبر، وعلامة رفع كلّ منهما. أقول: إذن تحول الصف من صف مضيء إلى مصف مظلم، فالفعل الذي يفيد تحويل المبتدأ من حالة إلى أخرى هو الفعل (صار).

والآن أدخل الفعل (صار) على الجملة فتصبح الجملة الجديدة (صارَ الصفُّ مظلماً)، ثم اكتب هذه الجملة في الحقل (ب)، واكتب (صار) وحركة اسمها وحركة خبرها بطباشير ملون واحد. ثم أقول: ما أثر الفعل (صار) في الجملة من حيث الحركات؟ تلميذ: رفعت الأول (المبتدأ) ويسمى اسمها، ونصبت الثاني (الخبر) ويسمى خبرها. جيد، معا معنى (صار)؟ بعد مناقشة التلاميذ يقول أحدهم: تفيد تحويل المبتدأ من حالة إلى أخرى، وهي فعل ماض. جيد، ثم أدون المعنى في الحقل (ج) على السبورة.

أشير إلى مجموعة من الزجاج المكسور، واسأل من يصف لي هذا الزجاج؟ تلميذ: الزجاجُ مكسورٌ. أدون هذه الجملة في الحقل (أ)، ثم أسأل عن نوع الجملة، وعن تحديد المبتدأ أو الخبر، وعلامة رفع كل منهما.

أقول: أريد أن أنفي كسر الزجاج أي (إن الزجاجَ لم يكن مكسوراً) كالزجاج الموجود أمامكم في الصف. فالفعل الذي يفيد النفي هو الفعل (ليس). والآن أدخل الفعل (ليس) على الجملة، فتصبح الجملة الجديدة (ليسَ الزجاجُ مكسوراً)، اكتب هذه الجملة في الحقل (ب)، واكتب ليس وحركة اسمها وحركة خبرها بطباشير ملوّن واحد. ثم أقول: ما تأثير الفعل (ليس) على الجملة من حيث الحركات؟ تلميذ: رفعت الأول (المبتدأ) ويسمى اسمها،

ونصبت الثاني (الخبر) ويسمى خبرها. ما معنى ليس؟ تلميذ: تُفيد النفي وهي فعل ماض، أدون المعنى في الحقل (ج) على السبورة.

ثانيا:- القاعدة:

بعد عرض الدرس بأسلوب المواقف، أقوم بمعاونة التلاميذ لاستخراج القاعدة وكتابتها على السبورة والقاعدة هي:

كان وأخواتها: تدخل على المبتدأ والخبر فترفع الأول اسماً لها، وتنصب الثاني خبراً لها، ولكل فعل من هذه الأفعال معنى خاص به، وهي أفعال ماضية. كانَ، أصبحَ، أمسى، صارَ، ليسَ.

ثالثا:- التطبيق:

س1: من يعدد أخوات كان؟

س2: ما معاني كان وأخواتها؟

س3: ما عمل كان وأخواتها من حيث الحركات عندما تدخل على المبتدأ والخبر؟

س4: أدخل كان أو إحدى أخواتها على الجمل الآتية:

أ. العراقُ قويٌّ.

ب. العجينُ خبزٌ

ج. زيدٌ مجدٌّ

د. القائدُ منتصرٌ

س5: أعرب الجملتين الآتيتين:

أ. كانَ الرصافيُّ شاعراً

ب. ليسَ الجهلُ نافعاً

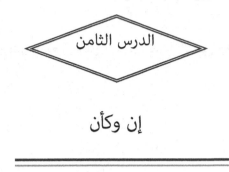

الدرس الثامن

إن وكأن

الهدف العام: ثابت في الخطط كافة.

الهدف الخاص:

جعل التلميذ قادراً على:

1- أن يعرف إنَّ وكأنَّ.

2- أن يميز بين معنى (إنَّ) ومعنى (كأنَّ).

3- أن يعرف عمل (إنَّ وكأنَّ) عندما تدخل على الجمل الاسمية، وأن يعرف حركات الأسماء التـي تـأتي بعدها.

خطوات الدرس:

أولا:- عرض الموضوع بالمواقف:

سبق أن درستم كان وأخواتها وعرفتم تأثيرها في الجملة الاسمية أي (المبتدأ والخبر) مـن حيـث الحركـات والمعنى. فما هو أثر كان أو إحدى أخواتها في الجملة الاسمية؟ تلميذ: كان أو إحدى أخواتها تدخل علـى المبتـدأ والخبر فترفع الأول اسماً لها، وتنصب الثاني خبراً لها، ولكل فعل من هذه الأفعال معنى خاص بـه، وهـي أفعـال ماضية. جيد من يضرب لي مثالاً، تلميذ: ليسَ الجهلُ نافعياً.

والآن درسنا هو (إنَّ وكأنَّ)، أقوم بتقسيم السبورة على ثلاثة حقول هـي: الحقـل(أ) واكتـب فيـه الجمـل الاسمية، والحقل (ب) اكتب فيه (إنَّ وكأنَّ)، والحقل (ج) اكتب فيه معنى (إن وكأنَّ).

أقوم بإغلاق باب الصف وبعد أن أنتهي من عملية الإغلاق. أتوجـه بالسـؤال إلى التلاميـذ: مـن يضـع لي كلمة (الباب) في جملة مفيدة؟ مشيراً إلى باب الصف المغلق؟ بعد مناقشة التلاميذ يتوصل أحدهم إلى القـول: البابُ مغلقٌ. جيد. أقول للتلاميذ: صحيح باب الصف مغلق ولكنه قد يكون غير محكم الإغلاق، ولو قام أحدكم فتحه لا نفتح بسهولة. وفعلاً اطلب من أحد التلاميذ أن يقوم بفتحه وسيلاحظ التلاميذ أن زميلهم فتح البـاب بسهولة. أقول لهم: معنى هذا أننا لسنا متأكدين من أحكام إغلاق الباب. والآن أقـوم بـإغلاق البـاب بالمفتـاح، وأقول للتلاميذ: هل يستطيع واحد منكم أن يفتح الباب؟ التلاميذ: كلا يا أستاذ إنه محكـم الإغـلاق ونحـن الآن متأكدون من أحكام إغلاقه ولا يفتح ثانية إلا باستخدام المفتاح. ولكي نؤكد أحكام الإغـلاق قـولاً أو كتابـة لا بـد من استخدام حرف مناسب للتوكيد، والحرف المناسب هو (إنَّ)، والآن أدخل الحـرف (إنَّ) علـى جملـة (البابُ مغلقٌ) فتصبح الجملـة الجديدة (إن الباب مغلق) اكتب هـذه الجملـة في الحقـل (ب)، واكتـب (إن) وحركـة اسمها حركة وخبرها بطباشير ملوّن واحد.

والآن نعود إلى جملتنا الأولى في الحقل (أ) قبل دخول (إنَّ) عليها وهي جملة (البابُ مغلقٌ). أقول: مـا نوع الجملة؟ تلميذ: الجملة اسمية، ممّ تتكون هذه الجملة الاسمية؟ تلميذ: تتكون مـن المبتدأ (البـاب) ومـن الخبر (مغلق). جيد ما علامة رفع المبتدأ والخبر؟ تلميذ: علامة رفعهما الضمة الظاهرة على أخريهما. جيد، أعـود إلى الجملة في الحقل (ب) أي بعد دخول (إنَّ) عليها. فأقول: ما أثر (إنَّ) في الجملة الاسمية من حيث الحركات؟ وبعد مناقشة التلاميذ يتوصل أحدهم إلى القول: نلاحظ أنها غيرت حركة المبتـدأ مـن الرفـع إلى النصـب، وبقـي الخبر مرفوعا كما هو. ثم أعقب قائلاً: (إنَّ) عندما تدخل على جملة المبتدأ والخبر تنصـب الأول (المبتـدأ) اسمـا لها، وترفع الثاني (الخبر) خبراً لها.

أقول: ما معنى (إنَّ)؟ وبعد مناقشة التلاميذ يتوصل أحدهم إلى القول: حـرف يفيـد التوكيـد، جيد أدون المعنى في الحقل (ج).

أقول: ما الأحسن في توكيد أحكام عملية إغلاق الباب، الجملة الأولى في الحقل (أ) أم الجملة في الحقل (ب)؟ وبعد مناقشة التلاميذ يتوصل أحدهم إلى القول: الجملة في الحقل (ب) أحسن لدخول (إنَّ) عليها إذ إنها أكدت الإغلاق المحكم للباب، وكما نعلم أن (إنَّ) تفيد توكيد القول أو الكتابة ولكي أعزز فهم عمل (إن) أقول: من يعرب لي جملة (إنَّ البابَ مغلقٌ؟) تلميذ: إنَّ: حرف يفيد التوكيد، تنصب الأول (المبتدأ) ويسمى اسمها، وترفع الثاني (الخبر) ويسمى خبرها. الباب: اسم إنَّ منصوب وعلامة نصبه الفتحة الظاهرة على آخره. مغلق: خبر إنَّ مرفوع وعلامة رفعه الضمة الظاهرة على آخره.

اجلب معي حزمة من العصي، واطلب من أحد التلاميذ أن يكسرها مجتمعة فيحاول التلميذ كسرها عدة مرات فلا يستطيع، ثم أعطيه عصا واحدة فسيكسرها بسهولة لأنها وحدها. فأقول لهم: إن المجتمع شأنه شأن العصي، فإذا اتحد أبناؤه سيكون قويا، ولا يستطيع الأعداء السيطرة عليه. وإذا تفرّق أبناؤه فسيكون المجتمع ضعيفاً ويستطيع الأعداء السيطرة عليه بسهولة وتعذيب أبنائه باستمرار. فمن يستطيع أن يصف لي الاتحاد بالنسبة لحزمة العصي؟ وبعد مناقشة التلاميذ يتوصل أحدهم إلى القول: (الاتحادُ قوةٌ)، ثم أقوم بشرح هذا المثال كما شرح المثال الأول، وتوجه الأسئلة السابقة أنفسها إلى التلاميذ. على أن أصل إلى السؤال الآتي: ما الأقوى أجملة (الاتحادُ قوةٌ) أم جملة (إنَّ الاتحادَ قوةٌ)؟ وبعد مناقشة التلاميذ يتوصل أحدهم إلى القول: الجملة الأقوى هي الجملة الثانية لدخول (إنَّ) عليها إذ تأكد لنا بالعين المجردة قوة الاتحاد.

اجلب إناءً فيه ماء، واطلب من التلاميذ أن ينظروا إلى الماء الموجود في الإناء فسيشاهدون صورهم في الماء، وبعد ذلك أقول: من يصف لي هذا الماء. في جملة مفيدة من حيث انعكاس الصورة فيه؟ وبعد مناقشة التلاميذ يتوصل أحدهم إلى القول: الماءُ مرآةٌ. جيد.

أدون هذه الجملة في الحقل (أ) ثم اسأل عن تحديد المبتدأ والخبر وعلامة رفع كل منهما. ثم أقول: آالماء مرآة؟ بعد مناقشة التلاميذ يتوصل أحدهم إلى القول: لا يا أستاذ لم يكن الماءُ مرآةً ولكن يشبه المرآة من حيث انعكاس الصورة فيه. أقول: جيد فالحرف الذي يفيد التشبيه

أي (تشبيه الماء بالمرآة) هو الحرف (كأنَّ). والآن أدخل الحرف (كأنَّ) على الجملة فتصبح الجملة الجديدة (كأنَّ الماءَ مرآةٌ) وأدونها في الحقل (ب) واكتب (كأنَّ) وحركة اسمها وحركة خبرها بطباشير ملوّن واحد.

أقول: ما أثر (كأنَّ) في الجملة الجديدة من حيث الحركات؟ وبعد مناقشة التلاميذ يتوصل أحدهم إلى القول: (كأنَّ) نصبت الأول (المبتدأ) اسماً لها، ورفعت الثاني (الخبر) خبراً لها. جيد. ما معنى كأنَّ؟ تلميذة حرف يفيد التشبيه. أدون المعنى في الحقل (ج).

ولكي أعزز موضوع (كأنَّ) أقدم الموقف الآتي للتلاميذ، وذلك بأن أجلب معي برتقالة، وأطلب من التلاميذ أن ينظروا إلى البرتقالة الموجودة في يدي، وأقول: أتشبه هذه البرتقالة شيئاً آخر من حيث الشكل؟ وبعد مناقشة التلاميذ يتوصل أحدهم إلى القول: البرتقالةُ كرةٌ. أدون هذه الجملة وأقوم بتوضيحها وتوجيه الأسئلة إلى التلاميذ كما في المثال السابق.

2- القاعدة

أقوم بمعاونة التلاميذ لاستخراج القاعدة وهي (إنَّ وكأنَّ) حرفان يدخل كل منهما على المبتدأ والخبر فينصب الأول اسماً له، ويرفع الثاني خبراً له.

إنَّ: حرف يفيد التوكيد.

كأنَّ: حرف يفيد التشبيه.

3- التطبيق:

س1: ما معنى (إنَّ وكأنَّ)؟

س2: ما عمل (إنَّ وكأنَّ) من حيث الحركات عندما تدخل على المبتدأ أو الخبر؟

س3: أدخل (إنَّ) مرة، و (كأنَّ) مرة أخرى على الجملة الآتية:

الشجاعُ أسدٌ ، المعلِّمُ أبٌ، التمرُ عسلٌ.

س4: أعرب الجملتين الآتيتين:

1-   كأنَّ المقاتلَ أسدٌ.

2-   إنَّ الحقَّ منتصرٌ.

س5: ما الفرق بين عمل (كان وأخواتها) و (إنَّ وكأنَّ)؟

aA

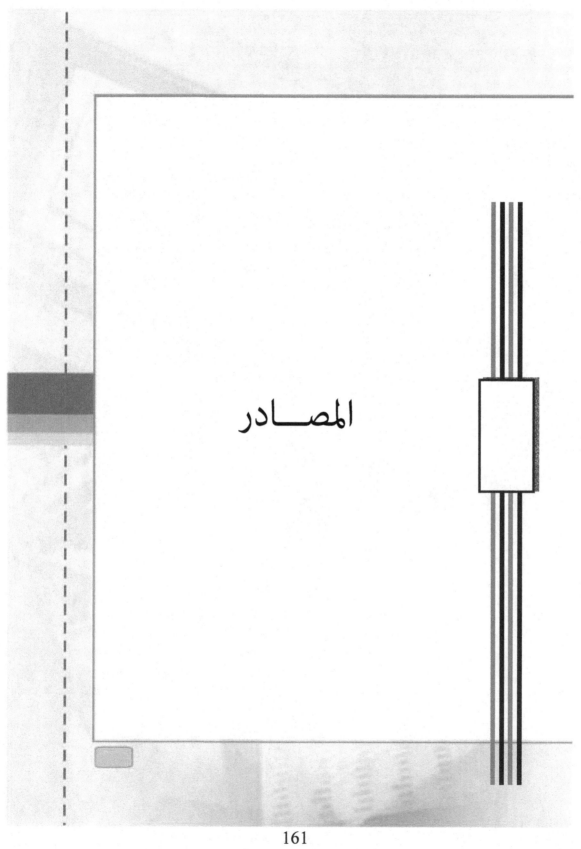

المصـــادر

المصادر

1- آل ياسين، محمد حسين، مبادئ في طرق التدريس العام. المكتبة العصرية، صيدا، 1968.

2- آل ياسين، محمد حسين، المبادئ الأساسية في طرائق التدريس العامة. ط1، دار القلم، بيروت، 1974.

3- إبراهيم، عبدالعليم، الموجه الفني لمدرسي اللغة العربية، ط4، دار المعارف، مصر، 1968.

4- ابن خلدون، عبدالرحمن بن محمد، المقدمة، الطبعة البيروتية، مكتبة المثنى ببغداد، بلا تاريخ.

5- ابن منظور، أبو الفضل جمال الدين. لسان العرب، المجلد الخامس عشر، دار صادر للطباعة والنشر، بيروت، 1376هـ-1956م.

6- أبو معال، عبدالفتاح، تنمية الاستعداد اللغوي عند الأطفال، ط1، دار الشروق للنشر والتوزيع، عمّان، 1988.

7- أبو مغلي، سميح، الأساليب الحديثة لتدريس اللغة العربية، ط2، دار مجدلاوي للنشر والتوزيع، عمان، 1986.

8- أبو المكارم، علي، تقويم الفكر النحوي. دار الثقافة، بيروت، بلا تاريخ.

9- أحمد، محمد عبدالقادر، طرق تعليم اللغة العربية، ط4، مكتبة النهضة المصرية، القاهرة، 1985.

10- أمين، عثمان، في اللغة والفكر، معهد البحوث والدراسات العربية، مطبعة النهضة الجديدة، القاهرة، 1967/1966.

11- أنيس، إبراهيم، اللغة بين القومية والعالمية، دار المعارف بمصر، القاهرة، 1970.

12- بحرى، منى يونس، وعايف حبيب، المنهج والكتاب المدرسي. مطبعة جامعة بغداد، 1985.

13- البياتي، عبدالجبار توفيق، وزكريا اثناسيوس. الإحصاء الوصفي والاستدلالي في التربية وعلم النفس، مطبعة مؤسسة الثقافة العمالية، بغداد، 1977.

14- جابر، جابر عبدالحميد وأحمد خيري كاظم، مناهج البحث في التربية وعلم النفس، دار النهضة العربية، القاهرة، بلا تاريخ.

15- الجاحظ، أبو عثمان عمرو بن بحر، البيان والتبيين، ج2، ط4، تحقيق عبدالسلام محمد هارون، مكتبة الجاحظ، بيروت، بلا تاريخ.

16- الجمبلاطي، علي، وأبو الفتوح التوانسي. الأصول الحديثة لتدريس اللغة العربية والتربية الدينية. ط2، دار نهضة مصر للطبع والنشر، القاهرة، 1975.

17- الجمهورية العراقية، وزارة التربية. قواعد اللغة العربية للصف الخامس الابتدائي. ط2 منقحة، مطبعة وزارة التربية رقم (2) أربيل، 1408-1988م.

18- الجمهورية العراقية، وزارة التربية، طرائق التدريس في المرحلة الإعدادية وتأثيرها على المستوى العلمي في المرحلة الجامعية، بغداد، 1409هـ/1989م (رونيو).

19- الجواري، أحمد عبدالستار. نحو التيسير-دراسة ونقد منهجي. مطبعة المجمع العلمي العراقي، بغداد، 1984.

20- الحريري، حسن، وآخرون. التربية وطرق التدريس، ط3، مطبعة الرسالة، مكتبة الأنجلو المصرية، 1376هـ - 1956م.

21- حسن، عبدالحميد، القواعد النحوية مادتها وطريقتها. ط2، مكتبة الأنجلو المصرية، مطبعة العلوم، 1957.

22- الحصري، ساطع. دروس في أصول التدريس (الأصول العامة). جـ1، ط8، طبع دار الكشاف، بيروت، 1956.

23- الحصري، ساطع. دروس في أصول التدريس (أصول تدريس اللغة العربية). جـ2، طبعة موسعة، دارة غندور للطباعة والنشر والتوزيع، بيروت، 1962.

24- حمادي، حمزة عبدالواحد. دراسة مقارنة لأثر أسلوبي تدريس اللغة العربية التقليدي والتكاملي في تحصيل الطلبة. جامعة بغداد-كلية التربية، جمادى الأولى 1406هـ-كانون الثاني 1986م. (رسالة ماجستير غير منشورة).

المصادر

25- حماش، خليل إبراهيم، "الدرس النحوي في اللغـات الأجنبيـة"، في مجلـة المعلـم الجديد. العـدد الرابـع، مطبعة وزارة التربية، بغداد، كانون الأول 1985.

26- الحمداني، موفق. اللغة وعلم النفس-دراسة للجوانب النفسية للغة. مطبعة دار الكتب للطباعة والنشر، جامعة الموصل، 1982.

27- خناطر، محمود رشدي. "الاتجاهات الحديثة في طرق تعليم القواعد"، في الاتجاهات الحديثة في النحو. (مجموعة المحاضرات التي ألقيت في مؤتمر مفتشي اللغة العربية بالمرحلـة الإعدادية سنة 1957)، دار المعارف، مصر، 1957.

28- خليفة، عبدالكريم. "اللغة العربية أساس نهضة أمتنا ووحدتها". في مجلة مجمـع اللغة العربيـة الأردني. العدد (25-26) السنة الثانية، طبع شركة الشرق الأوسط للطباعة، عمّان، شوال 1404هـ- ربيـع الثاني 1405هـ تموز-كانون الأول 1984.

29- الخماسي، عبد علي حسين صالح، دراسة مقارنة لأثر طريقتي الاستقراء والقياس في تحصيل تلاميذ الصف الخامس الابتدائي في قواعد اللغة العربية. رسالة ماجستير غير منشورة، جامعة بغداد – كلية التربية، جمادى الأولى 1407هـ - كانون الثاني 1987م.

30- الخياط، حورية. "فعالية التعليم المبرمج في تدريس مادة النحو في المرحلة الإعدادية". في المجلة العربيـة للبحوث التربوية. المنظمة العربية للتربية والثقافة والعلوم، العدد الأول، السنة الثانية، 1982.

31- خيري، السيد محمد، الإحصاء في البحـوث النفسية والتربويـة والاجتماعيـة، ط4، مطبعـة دار التأليـف، مصر، 1970.

32- الدليمي، طه علي حسين. دراسة مقارنة لأثر بعض الطرائـق التدريسية في تحصيل الطـلاب في قواعد اللغة العربية. رسالة ماجستير غير منشورة، جامعة بغداد- كلية التربية 1980.

33- الدليمي، طه علي حسين، وكامل محمود نجم. "أثر طريقتي النص والتوليف في تحصيل الطلاب في قواعد اللغة العربية". في مجلة التربوي. تصدرها كلية التربية – جامعة بغداد، العدوان الأول والثاني، طبع دار آفاق عربية للصحافة والنشر، كانون الثاني، 1985.

34- ريّان، فكري حسن، التدريس، أهدافه، أسسه، أساليبه، تقويم نتائجه وتطبيقاته. ط3، عالم الكتب، القاهرة، 1984.

35- الزويعي، عبد الجليل إبراهيم، وآخرون. الاختبارات والمقاييس النفسية. وزارة التعليم العالي والبحث العلمي، جامعة الموصل، مطبعة جامعة الموصل،1981.

36- السامرائي، إبراهيم، "العربية بين الجمود والتطور والتوليد – دراسة في اللغة والأسلوب". في مجلة كلية الآداب – جامعة بغداد. العدد الثاني، مطبعة العاني، بغداد، شباط 1960.

37- السلطاني، عدنان محمد عباس. "دراسة مقارنة لأثر بعض الطرائق التدريسية في تحصيل الطالبات في قواعد اللغة العربية". في مجلة العلوم التربوي والنفسية. تصدرها الجمعية العراقية للعلوم التربوية والنفسية، العدد السابع، مطبعة وزارة التربية رقم (3)، بغداد، 1986.

38- شحاته، حسن، وآخرون. تعليم اللغة العربية والتربية الدينية. ط6، دار أسامة للطبع، القاهرة، 1988.

39- العزاوي، حسن علي فرحان. أثر بعض الطرائق التدريسية في تحصيل طلاب المرحلة الإعدادية في قواعد اللغة العربية رسالة ماجستير غير منشورة، جامعة بغداد –كلية التربية، 1984.

40- فينكس، فيليب هـ فلسفة التربية، ترجمة محمد لبيب النجيحي، دار النهضة العربية، القاهرة، 1982.

41- الأسعد، عمر، اللغة العربية بين المنهج والتطبيق، ط4، دار الفرقان، عمان، 2003.

42- سمك، محمد صالح، فن التدريس للغة العربية، مكتبة الأنجلو المصرية، القاهرة، 1986.

المصادر

43- الشيخ، عمر حسين، التعليم والتعلم، منشورات معهد التربية، الأردن، عمان، 1988.

44- عبد، داود، نحو تعليم اللغة العربية وظيفياً، ط2، دار الكرمل للنشر، عمان، 1991.

45- المثاني، أحمد، أثر التعليم المفرد في الاستيعاب القرائي، رسالة ماجستير، جامعة اليرموك، 1995.

46- ربيع، محمد أحمد، التعبير الوظيفي، دار الفكر، الأردن، 1991.

47- السيد، محمود أحمد، في طرائق تدريس اللغة العربية، كلية التربية، جامعة دمشق، 1996.

48- شحاتة، حسين أساسيات التدريس الفعال، الدار المصرية اللبنانية، القاهرة، 1993.

49- شحاتة، حسن، تعليم اللغة العربية بين النظرية والتطبيق، ط4، الدار المصرية اللبنانية، القاهرة، 2000.

50- عبدالرحيم، شاكر محمد، استراتيجية مقترحة لتدريس مهارات اللغة العربية، مجلة التربية، العدد السادس والعشرون، السنة الثامنة، 1998.

51- عصر، حسني عبدالباري، الاتجاهات الحديثة لتدريس اللغة العربية، المكتب العربي الحديث، مصر، الإسكندرية، 1992.

52- عصر، حسني عبد الباري، مداخل تعليم التفكير، المكتب العربي الحديث، مصر، الإسكندرية، 1999.

53- قطامي، يوسف، استراتيجيات التدريس، دار عمار، عمان، 1993.

54- مجاور، محمد صلاح الدين علي، تدريس اللغة العربية في المرحلة الثانوية، دار الفكر العربي، القاهرة، 2000.

55- مدكور، علي أحمد، تدريس فنون اللغة العربية، مكتبة الفلاح، الكويت، 1997.

56- المعتوق، أحمد محمد، الحصيلة اللغوية، عالم المعرفة، الكويت، 1996.

57- عبد المجيد، عبدالله، الأساليب الحديثة في تعليم اللغة العربية، ط1، مكتبة الفلاح، الكويت، 1998.

58- العلي، فيصل حسين، المرشد الفني لتدريس اللغة العربية، دار الثقافـة للـنشر والتوزيـع، الأردن، عـمان، 1998.

59- مدكور، علي أحمد، نظريات المناهج التربوية، دار الفكر العربي، القاهرة، 1997.

60- مقدادي، محمد فخري، المنحى التكاملي في تعليم اللغة، ورقـة عمـل مقدمـة للمـؤتمر التربـوي، مكتبـة التربية، جامعة اليرموك، 1997.

تم بحمد الله